陈海寿 著

服饰产品直播带货宝典

SPM 南方传媒 | 广东经济出版社
·广州·

图书在版编目（CIP）数据

服饰产品直播带货宝典 / 陈海涛著 . —广州：广东经济出版社，2023. 5
ISBN 978-7-5454-8735-0

Ⅰ.①服…Ⅱ.①陈…Ⅲ.①服装—网络营销 Ⅳ.① F768. 3

中国国家版本馆 CIP 数据核字（2023）第 046670 号

责任编辑：蒋先润　谢善德　梁雪莹
责任技编：陆俊帆

服饰产品直播带货宝典
FUSHI CHANPIN ZHIBO DAIHUO BAODIAN
出 版 人：李　鹏
出版发行：广东经济出版社（广州市水荫路 11 号 11 ～ 12 楼）
印　　刷：珠海市国彩印刷有限公司
（珠海市金湾区红旗镇永安一路国彩工业园）

开　　本：730 毫米 ×1020 毫米　1/16
印　　张：14.75
版　　次：2023 年 5 月第 1 版
印　　次：2023 年 5 月第 1 次
书　　号：ISBN 978-7-5454-8735-0
字　　数：216 千字
定　　价：48.00 元

发行电话：（020）87393830
编辑邮箱：286105935@qq.com
广东经济出版社常年法律顾问：胡志海律师
法务电话：（020）37603025
如发现印装质量问题，请与本社联系，本社负责调换

前　言

Preface

服饰产品直播带货，带出服饰产品销售新商机

主播试衣带货，2小时可卖500件服装。

入驻5个月，一场直播带货收入450万元，杭州这家服装夫妻店是怎么做到的？

一场直播带货数百万元，服装行业如何借抖音按下快进键？

24小时不间断直播、10秒换一件衣服……网红主播带货忙。

……

“流量即入口、流量即金钱”，近几年，在“互联网+”的赋能下，服饰产品走进了直播间，玩起了“服饰+直播”，创下了一个个令传统销售模式望尘莫及的销售奇迹。

受疫情和电商的双重影响，近几年，服饰产品线上线下的生意冰火两重天，一边是空空荡荡的线下实体店和卖场，一边是热火朝天的线上直播间。不少服饰行业从业者都感叹生意不好做，但正如“危机”一词的寓意一

般——“危机危机，危中有机”，随着新零售不断升级，传统服饰行业也在困境中孕育着机遇，在直播带货的机遇中悄然发生着改变。

在服饰行业的变局下，尽管模式、量级、经历各不相同，但大批嗅觉灵敏的服饰行业从业者、商家、机构、品牌、自媒体人已经不约而同地投身到直播带货中，开启新的行业变革。

基于移动互联网的天然优势，直播带货属于引领式、体验式的即时决策性消费方式。对于服饰行业来说，直播意味着更高的时效性、更鲜明的话题性和更立体的视觉感官性，能够带来更大的流量红利，其最大意义在于能够打破时空限制，充分发掘消费者的潜在消费和延伸消费。

从微观层面看，相对于只能做图文二维展示的传统电商而言，直播电商能够带来更直观、更立体的三维体验，加上主播的细心解答和穿搭技巧分享，能给用户带来更真实的消费体验，帮助用户更快速地做出购买决策。

正因如此，服饰产品在直播电商中一直有着较高的关注度。而提起直播电商，服饰产品也是一个无法绕过的品类。多年来，服饰行业在电商渠道的全面渗透及其成熟的供应链布局，使之能够继续赢在直播带货的起跑线上。

对于服饰产品赛道来说，直播并不新奇。对于直播带货来说，服饰是最初的安身立命之本，迄今仍是其占比最大的品类。

从2014年到2018年，服饰鞋包品类在天猫“双11”大促活动中的成交金额连续五年位居榜首。直播电商时代来临后，服饰产品的这一优势得以延续。

2019年，在我国直播带货交易额中，服饰类商品占比为46%，是直播带货中交易额最大的品类。

2020年上半年，服饰直播商品数量为854.9万件，在直播电商全品类中占比为37.6%；直播间服装鞋帽、针纺织品类商品上架超1.5亿次，上架次数占比为41.7%，SKU在直播电商全品类中占比高达53.2%。

2021年，服饰品类直播加速发展，以抖音平台为例，截至2021年8月，抖音电商大盘同比实现高速增长，商品订单量同比增长超过410%，消费人群规模同比增长超过108%。2021年下半年，抖音服饰品类高销额场次数量占比超过美妆护肤品类，位居第一。

2022年，抖音平台内，服饰直播内容看播人次全年平稳波动，平均每月看播人次近89亿次，电商节点大促和季节交错时节直播观看人次数据呈现爆发式增长。

当前，服饰已成为淘宝、抖音、快手等主流直播电商平台的重点销售品类之一，为了在服饰领域的竞争中获胜，淘宝、快手、抖音等平台不仅纷纷拿出各自的“撒手锏”，深入产业上游，培育源头商家，提供发展指导，还纷纷推出扶持政策，给予流量支持，策划专场活动，助力商家变现。

例如，淘宝曾出台“服饰商家激励政策”，降低开播门槛，为服饰主播提供流量倾斜；抖音发布过“种子计划”，面向服装鞋包等五大品类入驻的商家，提供零门槛开通直播购物车、流量扶持、服务费减免等多项优惠政策；快手则推出“服饰商家流量扶持计划”，针对新晋服饰品牌开启扶持，并招募时尚类MCN。

如今，服饰产品已成为直播电商领域的必争之地。直播电商的介入，不仅改变了服饰行业传统的交易模式，更直接连接厂家、商家和用户，场景化地展示上身效果，在改变用户消费习惯的同时，也完成了服饰行业的二次变迁。

服饰产品作为直播带货领域中深受欢迎的品类之一，已成为很多平台、机构、网红和主播的首选品类。那么，如何才能做好服饰产品直播带货，分享行业成长的红利呢?

众所周知，电商强调人、货、场，其实直播电商也不例外，本书围绕直播电商的“人（主播、团队）、货（选品）、场（直播场景打造）”，从平台布局、产品选择、主播定位、吸粉引流、直播筹备、带货实战、成交转化、售后复盘等服饰产品直播带货的各个维度展开论述，分享实战技巧和实操干货，打造服饰产品直播带货一本通。

一本《服饰产品直播带货宝典》在手，深入研读学习并勤加操练之后，即可让你快速成长为服饰产品直播带货领域的实战高手。

本书作者

2023年春

目　录

Contents

第三章 产品选择：甄选适合直播的服饰爆品

第四章 主播定位：因地制宜选择合适的主播

第五章 吸粉引流：粉丝运营与引流技巧

第六章 直播筹备：做好直播前的准备工作

第一章

服饰产品 + 直播：打破时空限制的销售新模式

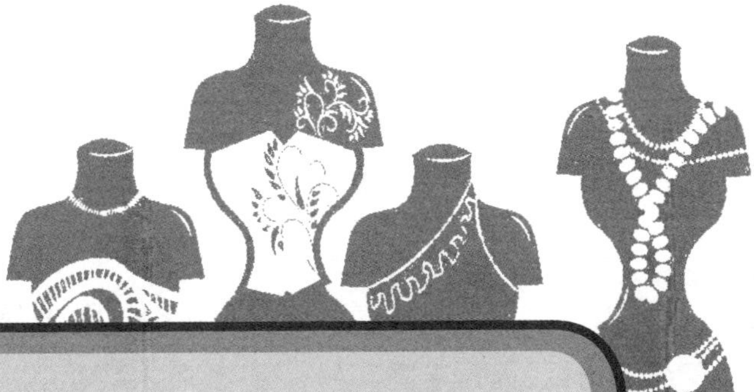

【本章关键问题】

· 服饰行业销售困境中蕴藏着哪些机遇？

· 直播带货模式是否适合服饰产品？

· 服饰产品直播带货的优势和痛点何在？

· 服饰产品直播带货的基本模式有哪些？

· 服饰产品直播带货需要遵循哪些行业的基本规则？

1. 服饰行业的销售困境与机遇

“衣食住行”，在消费者的购买清单中，“衣”是排在第一位的消费热点和刚性需求，市场空间巨大，服饰产业也成为众多城市竞相布局和追逐的热门赛道。作为“衣食住行”之首，人们对锦衣美服的追求似乎永远没有止境，服饰行业也因此被称为永不落幕的朝阳行业。

但在过去的10年间，服饰行业尤其是传统服饰行业经历了严峻的市场挑战和转型过程中的阵痛，库存、关店、清货、转型等关键词成为传统服饰行业的现象级标签，众多企业或店铺陷入经营困境。

从行业发展趋势看，自2015年起，服饰市场需求就已经趋于饱和，企业普遍面临转型升级压力，产业规模增速不断下降，整体增速降至7%左右。

2020年，在新冠肺炎疫情的影响下，整体经济大环境增添了更多的不确定性，服饰行业销售规模增速进一步下降至3.2%。

国家统计局数据显示，2020年我国规模以上服饰企业产量为223.7亿件，同比下降7.7%；营业收入13697.3亿元，同比下降11.3%；利润总额640.4亿元，同比下降21.3%。

2020年3月之后，海外新冠肺炎疫情持续蔓延，欧美消费市场低迷，品牌客户变得十分谨慎，纷纷取消、推迟订单，导致我国服饰企业不同程度地陷入发展困境。

海关总署发布的数据显示，2020年第一季度，我国与欧盟双边进出口贸易总值为751.9亿美元，比去年同期下降19.8%，降幅低于同期我国外贸总体降幅5.1个百分点。在整体欧盟出口数据中，出口服装及衣着附件总额为54.7亿美元，同比下降8.8%；纺织纱线、织物及制品总额为18亿美元，同比下降14.8%。

2020年春天，纺织产业陷入“寒冬”。浙江绍兴某纺织品有限公司总经理悲观地表示：“目前我们往美国市场只发了两个货柜，欧洲订单更是全军覆没，至今一个货柜都没发出去。如果这种情况持续下去，企业最多只能扛到今年8月。”

进入2022年，随着新冠肺炎疫情的缓和，国外对新冠肺炎疫情的管控普遍放松，我国服饰行业迅速复工复产，服饰产品外需整体趋好。海关总署发布的数据显示，2022年上半年，纺织服装累计出口1564.9亿美元，同比增长11.7%。其中，服装出口增长尤为迅速。不过，进入第二季度，纺织服装行业出口的形势又迎来新的变数，由于海外订单向东南亚国家转移，国内很多服饰厂，尤其是中小服饰企业都遇到了出口订单下降的问题。

此外，地缘政治、贸易环境、汇率波动等不确定因素增加，使得服饰产品出口的风险进一步增大。

天眼查数据显示，截至2022年7月，我国有服装企业超过2100万家，其中2021年新增注册企业523.5万家，同比增长39.2%。然而，企业总体经营效益却不容乐观。相关统计数据显示，2022年1月—5月，我国服装鞋帽、针纺织品类产品零售总额为5093亿元，同比下降8.1%。2022年5月，单月服装鞋帽、针纺织品类零售总额为958亿元，同比下降16.2%，颓势更为明显。

“大家都知道业绩会不好看，但是这样的降幅依旧出乎意料。”业内某资深人士表示。从细分领域看，女装企业的发展困境尤其明显，歌力思预计2022年上半年业绩同比下降约75%；日播时尚预计上半年净利润为358万元，同比下降87.14%；休闲服饰企业太平鸟预计上半年净利润同比下降68%；美邦服饰上半年预计净亏损高达6.2亿元至6.8亿元。

受疫情多点散发、原料成本上涨、需求低迷以及行业自身特点影响，服饰行业发展面临巨大压力。从数据上看，服饰行业正面临前所未有的增长危机乃至生存危机。

尽管总体低迷，但服饰行业也不乏亮点和机遇。

第一，部分企业跑赢大势，业绩良好。

即使在服饰行业整体出现困局的当下，从微观层面看，有部分服饰企业不降反增，业绩良好。波司登公司2021/2022财年的年度财务报告显示，公司于报告期内实现收入162.14亿元，同比增长19.95%；公司权益股东应占溢利同比上升20.6%，至20.62亿元；毛利率同比增长1.5%，达到60.1%。

2021年，国内体育服饰品牌李宁体育年营收超过200亿元，同比涨幅达56.1%；安踏体育年营收近500亿元，同比涨幅达38.9%；特步年营收100.13亿元，也是其首次突破百亿大关。

未来，服饰市场仍有巨大的成长空间，重点在于如何去满足不断变化的消费需求，在于如何通过供给端改革，如增加专业性、功能性、场景性设计，提升产品的针对性，进而提升竞争力。

第二，“新国潮服饰”崛起。

当下，以“90后”“00后”为代表的“Z世代”逐渐成为服饰产品消费的主力人群，在服饰产品的消费上呈现出为兴趣买单、为颜值买单、为时尚买单的新趋势。

随着消费者民族自信增强和年青一代消费群体崛起，“Z世代”消费者对国潮品牌的认可度有所提升。当前国潮在多个消费领域兴起，如服饰、内衣、汉服等，国潮产品有着独特的“中国风”潮流设计风格，自带中国传统文化IP属性，国潮品牌的创新创意吸引了大批的新生代消费者。

从李宁、安踏、特步等运动品牌迎来全新生机，到建依、马克华菲带来艺术时尚国潮，一个属于国货服饰之光的时代已经到来。

随着我国居民人均可支配收入、城镇人口占比逐年上升，“Z世代”中有更高比例的人口生活在城市之中。物质条件较优越的“Z世代”群体品牌消费能力更强、价值更高、黏度更强，是国货服饰新品牌挖掘、尝鲜、传播、“出圈”的主力军。

第三，特色服装服饰大有可为。

目前，我国服装零售行业市场发展前景较好的领域主要有运动服饰市场、童装市场、高端女装市场、老年服装市场，以及特色服饰市场。

前瞻产业研究院《2018—2023年中国服装零售行业市场前瞻与投资战略规划分析报告》显示，随着生育政策全面开放，我国童装市场将保持较快的增长速度，预计到2023年童装市场规模将达到2820亿元，年均复合增长率为10%。

未来，随着经济发展以及二、三、四线城市迅速崛起，高端女装更为广阔的潜在市场也将被开发出来，高端女装市场潜力巨大。

老年服装市场也存在很大的增长潜力，重庆工商大学成渝地区双城经济圈协同发展中心研究员、远明智库创办人莫远明表示："我国已成为世界上老年人最多的国家。预计到2023年，老年人人口将进一步上涨，老年服装市场作为一个蓝海市场还有待进一步开发。"

此外，"三坑"服饰（JK制服、汉服、Lolita裙）走向大众化也是服饰行业的一个代表性事件。

相关报告指出，2020年，由JK制服、汉服、Lolita裙构成的"三坑"服饰占据了"Z世代"话题热度榜的前三名。

2020年，"三坑"首次成为淘宝平台的百亿品类。2020年上半年，在天猫购买汉服的消费者就超过了2000万人；2020年"双11"期间，JK制服、汉服、Lolita裙销售额同比增幅也高于部分主流服装品类。

特定人群和特定场景对服饰产品有着特定的需求，某些细分市场领域存在爆发潜力。除了上述细分市场之外，还有传统旗袍的现代化设计、最近火热的户外品牌等，皆大有可为。

第四，销售渠道演变。

随着生活节奏不断加快，以及受新冠肺炎疫情影响，越来越多的消费者选择线上购买服饰产品，线上已逐渐成为消费者购买服饰产品的主要渠道。

服饰行业线下、线上销售份额呈此消彼长之势，据艾媒咨询发布的

《2022—2023年中国服饰行业发展与消费趋势调查分析报告》，2022年，服饰消费者线上消费比例为62.0%，线下消费比例为38.0%。线上销售渠道（包括传统电商、直播电商等）存在巨大的成长空间和市场机会。

2. 直播带货是服饰产品销售的新风口

“小伙伴们，这是今天直播的二维码哦，12点我们直播间见。”在沈阳一家服装店里，店主小雪在微信群里发完这段话后，把手机夹在三脚支架上，又对着镜子整理一下仪容，准备在直播间“开门迎客”。几个月来，直播带货几乎成了她每日的固定“功课”，对于经营了十多年服装店的小雪来说，这种销售模式以前“想都没想过”。

同小雪一样，由于线下店铺生意受疫情影响，直播带货成为许多商家和企业的销售新出路，在中国各大电商平台和网络社交平台上，几乎随时都能看到直播带货的场景，不仅是服饰产品，农产品、化妆品、家电、汽车，甚至重型卡车都进入了直播间销售，直播带货涵盖的商品范围迅速向各个领域扩张。

事实上，早在2017年就有很多杭州本土服装企业开始追捧网红，试水直播带货的销售模式，比如伊芙丽、雅莹、郁香菲、JAC、衣品天成等。

以伊芙丽为例，其开始尝试直播后，平均每月开展两场直播，直播场地包括企业总部展厅、线下门店以及网红的直播间。而JAC刚试水直播带货就收到了出人意料的效果。该品牌相关负责人介绍："原来预想一天卖几十件，销售额有几万元就差不多了。”但是结果却出乎意料，“一天的销售额竟高达几十万元”。

另有一家原创设计品牌服饰做了一次为期3天的专场直播，第一天销售额为55万元，第二天实现了67万元的销售额，第三天则达到了120万元的销售额。直播间3天的销售收入，相当于该品牌线下一家门店半年的销售收入。

除了服饰品牌方，一些独立网红的带货能力也不容小觑。

2018年7月31日凌晨1点，可乐不可daydayup在淘宝直播间刚结束了一场长达5小时的服饰专场直播。这场直播的后台数据显示：5小时的直播共吸引14万人次进入直播间，销量达4000件，销售额为100万元。可乐不可daydayup表示："还算理想。"

疫情打击之下，工厂关停、线下店歇业，服饰行业经历了前所未有的生存危机，品牌、商家、工厂都亟须一个全新的契机回归业绩增长。

幸运的是，有一块电商沃土在线上悄然生长，服饰行业在直播带货机遇中悄然发生着改变。

行业变局下，尽管模式、量级、经历各不相同，但大批服饰人或品牌、自媒体都不约而同地加入直播带货，开启新的行业变革，引领销售潮流。

2020年6月，运动服饰品牌安德玛迅速行动，主动求变，向线上渠道寻求销售增量，并在抖音电商平台开启达人合作，形成由专场直播带货达人、短视频带货达人、混场直播带货达人组成的达人矩阵，成为最早一批在抖音电商成长起来的服装品牌商家。

2021年，安德玛又在抖音电商尝试开展商家自播。3月14日，安德玛联动头部KOL开启Curry尖货系列，举办首场蓝V直播。这一新品系列一经推出，就成为抖音爆款，GMV突破20万元，成功吸粉1.4万人。自播首月，安德玛的平均单日销量同比增长超过3倍。

安德玛高级电商经理Caroline表示，未来将持续发力自播搭建，预计年内还会推出3～5款爆款，以优化直播间数据。同时，还将着力于对仪容、话术、镜头感与表情管理等主播能力的培养。

2021年7月21日，运动服饰品牌鸿星尔克因向河南洪灾地区捐助5000万元物资而登上各大平台热搜，网友被其"破产式捐款"行为所感动，无数人涌入鸿星尔克的直播间进行"野性消费"。尽管鸿星尔克方面呼吁大家理性消费，但这并未能阻止广大消费者的消费行为。之后两天，鸿星尔克直播间的销售额高达2.38亿元。

在各大直播电商平台上，众多像鸿星尔克这样的服饰品牌商家正在唤醒国货新生命，开启一个属于直播电商的全新时代。

除了服饰品牌方，还有三类服饰行业参与者也赶上了直播带货的风口：设计师、工厂、产业集群。在传统的电商链条中，他们处于产业链上游，很难直接触达最终消费者。

而在直播电商平台，以上三方都有机会直接运营属于自己的用户：设计师可打造个人IP，将设计创意直接传递出去；工厂可生动地展现高质量的制造能力，打造“厂牌”；产业集群可基于地域形成产地品牌，带动区域经济发展。

2021年是服饰品类直播飞速发展的一年，以抖音平台为例，截至2021年8月，抖音电商大盘同比实现高速增长，商品订单量增幅同比上涨超过410%，消费人群规模同比增长超过108%。2021年下半年，服饰品类高销额场次数量占比超过美妆护肤品类占比而荣登第一。

其中，服饰自营品牌及品牌蓝V账号在直播账号中占比达69.33%，自营服饰以穿搭类达人账号为依托，依靠精准内容全面展示品牌，从种草内容引流到直播转化都有良好表现。Q3抖音服饰行业企业优秀直播号TOP10中，80%的品牌为国货品牌。

观看服饰直播的观众中，女性用户占比高达86%，在直播间观众年龄结构中，追求时尚与实用并存的24～40岁的中青年群体成为主要人群。

得益于更为直观、立体的体验，主播的细心解答和穿搭技巧分享，能够帮助用户更快速地做出购买决策，服饰类直播获得了较高的关注度。

直播电商之所以能为服饰行业创造增量风口，是因为兴趣电商和服饰生意间具有天然的耦合度。抖音电商副总裁木青表示：“消费者对服饰之美有天然的兴趣和追求，很容易在直播间内停留，并产生购买行为。”

当前，电商消费群体年轻化已成趋势。随着消费群体规模不断扩大，年轻人的购买能力也在不断增强。市场调研机构艾瑞咨询发布的《2019年中国“95后”洞察报告》显示，网购已经成为“95后”的日常生活，60%以上的“95后”每天都会访问电商平台，而其中的10%每天都会在电商平台上下单。网购人群中，相比其他年龄段的消费群体而言，“95后”人口占比最多，对网购的黏性也最高。

直播带货作为一种新兴的销售模式，不仅能够满足年轻消费群体的购物需求，还能够在一定程度上满足其社交需求，带给其更好的购物体验。因此，直播带货受到了众多商家的追捧。

艾瑞咨询预测，2025年直播电商规模有望达到6.4万亿元，而服饰类产品作为直播电商的第一大产品品类，市场潜力和销售增量也将进一步释放。

3. 服饰产品直播带货的优势和痛点

生意的本质是流量，互联网行业的发展规律是不断发掘、追逐流量红利，从PC互联网时代到移动互联网，再到万物互联，流量在不断扩大，同时也在不断转移阵地。从3G到4G，再到5G，网速在飞速提升，海量用户可以随时随地观看视频、直播，同时，流量资费也在进一步下降。从网址导航到文字博客，从微博和公众号的图文内容到短视频，再到直播，互联网信息的载体变迁趋势是更丰富、更高维度。这些都为直播带货的爆发打下基础。

一些头部直播带货达人的成功带动了直播电商的狂潮，而5G时代的到来，以及网络通信技术的进步，也从技术层面为直播带货的爆发奠定了基础，进一步提升了直播电商在电商领域的占比。

短视频和直播是当下的趋势，其信息传播速度快，公众接受度高。疫情期间，消费者外出购物的欲望大大降低，对短视频和直播的依赖度直线上升，依赖直播打发时间和购物的人与日俱增。直播带货的风口依然存在。

大量服饰行业从业者和跨界创业者纷纷投入服饰产品直播带货的行列。在此，有必要对服饰产品直播带货的优势和痛点有一个清醒的了解和认识。

（1）服饰直播带货的优势

原阿里巴巴淘宝直播负责人赵阳表示，相对于传统电商，直播带货拥有明显优势。他认为，直播带货明面上看是“主播+促销福利”的胜利，但背后是“品牌新代言模式+直播创新内容+传播短链+新式促销”的成功实践。直播实时互动+视频的呈现，使得主播很轻易就能种草、营造紧迫感，进而推动促销，通过视觉刺激等手段，用户很容易激动下单。

作为全新的网络销售模式，直播带货的优势显而易见。

第一，更直观、更真实。

相对于传统电商平台上的二维商品平面图片，直播中的商品展示更加立体、更加直观、更加真实。消费者在直播间可以看到商品的方方面面，服饰主播可以亲自试穿展示，并可根据粉丝要求现场进行不同的穿搭，展示穿着效果。如此，可让粉丝直观感受到商品，看到商品的穿戴效果。

同时，主播在直播间能够随时同粉丝进行互动，这一实时的交互渠道是互惠的：一方面，粉丝的诉求能够得到及时回应，感受到切身服务；另一方面，主播也能通过粉丝互动及时获得用户反馈，为下一步的销售赋能。

直播的实时性与互动性缩短了产品和用户之间的距离，粉丝进入直播间能获得如同在线下实体店一般的亲身体验，主播通过视觉、听觉、触觉上的全方位触达，更容易获得粉丝的信任，主播通过直播，推动促销，使用户更加容易下单。

第二，提供物美价廉的商品。

支撑直播行业快速发展的一个巨大优势在于，它为消费者提供了大量物美价廉的商品。主播通过信用和粉丝建立连接，形成黏性。因此，产品的性价比就显得尤为重要，质优价廉的商品是维系二者交易关系的基础所在。

在直播电商的商业逻辑中，产品质量通过选择得到保证，产品价格通过主播的议价权带货惠民。主播还可以引导粉丝选择购物场景的优先级。

另外，价廉物美的商品总会受到人们欢迎，直播销售更是如此。为了吸引用户和粉丝，直播间里的各种优惠券、红包、满减、限时抢购等优惠措施都是销售的法宝。

第三，更易打造爆款。

传统销售模式下，优质商品未必能找到销售突破口，而借助直播电商，一个直播间一天就能引导成交额超1亿元，一个网红主播一年能做300多场直播，直播3秒就可以卖空10万件货……直播带货的销售模式更容易打造爆款，形成规模效应。

第四，有助于品牌推广。

服饰品牌通常会投入大量费用做广告、搞营销，但在去中心化的传播时代，效果往往并不理想，经费大部分打了水漂。对于部分品牌来说，直播带货成了一种新的契机。在直播间，除了销售带货之外，还有一项重要的功能，那就是增加品牌曝光率。

购买产品的用户可以分为偶然用户和必然用户，直播电商更大的价值在于通过一种面对面的实时交流，用更为直观的交互展示和极有感染力的点评，帮助品牌去获取更多偶然用户。即直播“种草效应”与“品牌效应”相结合，更有助于品牌的曝光和传播。

（2）服饰直播带货的痛点

凡事有利有弊，服饰产品的直播带货也不例外，其痛点主要表现在以下几个方面。

第一，消费体验仍有缺陷。

尽管相对于传统电商，直播电商带给消费者的体验已经有了质的提升，但仍存在不足。最显著的问题在于，对于直播间展示的服饰商品，消费者通常无法看清产品细节，也不能触摸其质感，不能够全方位准确感知产品。

在服饰产品直播带货中，用户看不到自己的上身效果。而直播间的灯光、镜头等对商品的外观影响很大，可能会误导消费者。比如镜头清晰度不够，或者主播主动使用滤镜、特效等，对服饰产品的真实体验都有影响。同时一些比较注重色彩的服饰产品，若观看时的设备显示效果与实际颜色有色差，则可能会导致用户对产品需求的误判。另外，主播本身的身材、形象和举止，也会影响观感。

第二，退货率较高。

由于上述因素，很多消费者在主播的“诱导”下进行了冲动消费，这就不可避免地带来了售后问题。相对于线下实体店，网络直播间售出的服饰产品存在较高的退货风险。退货率较高，会给直播电商的售后服务造成压力、增加成本。

第三，难以形成品牌忠诚度。

消费者偏向直播消费，通常是奔着“全网最低价”去的，同一件商品，谁的价格更低，消费者就会选择谁，难以对主播和品牌方形成黏性、忠诚度。

第四，“马太效应”明显。

直播带货行业存在明显的“马太效应”，即10%的头部主播（网红、达人、专家、明星）占据90%以上的市场份额，小主播们则在夹缝中艰难求生，很多默默无闻的小主播可能一天播20小时，依然没有多少销量。现阶段的直播带货是一个两极分化严重的领域。

4. 服饰产品直播带货的基本模式

直播电商的兴起给服饰产品销售带来了无限可能，通过直播间购物成了普通大众的消费习惯，即使没有需求的用户也会进入直播间观看，极有可能带来即时消费、冲动消费，电商直播带货因此变得异常火爆。

随着行业的不断发展，越来越多的直播带货模式被探索出来，就服饰产品而言，常见的直播卖货的模式主要有以下几种。

（1）主播带货模式

主播带货模式也称达人带货模式，即以主播为主导的服饰产品带货模式。

主播可以是达人、网红、明星、素人。主播首先需要将自己打造为服饰领域的专家、达人，拥有一定的粉丝基础和知名度之后，即可进行直播带货，做特定粉丝群的顾问式导购，因为粉丝首先要对主播的专业知识、人品产生信任、好感，才会爱屋及乌购买主播的产品。

主播带货模式的核心首先在于打造个人IP，通过人物塑造和影响力输出，达到让粉丝消费的目的。

其次是选品，主播选品模式主要有两种。

第一，淘货模式。

主播通常没有实体店铺，那么，进入直播间销售的服饰产品主要来自哪里呢？这就需要主播从服装厂家、批发市场、实体店选购，可以是新品，也可以是库存产品、断码产品。

找到质优价廉的货源，是淘货模式成功的根本前提。

第二，定制模式。

直播间定制模式操作难度系数较大，门槛较高，适用于实力强的头部网红主播。

其运作模式为：主播根据粉丝画像和粉丝需求，采用ODM或OEM的方式推出直播间专属的特有款式，货品由合作工厂定制或供应链提供，一方面能够确保产品的独家性，另一方面也能保证品质，满足粉丝的期待。成交的驱动力主要在于粉丝对主播的信任以及对服饰款式的认同感。

（2）实体店带货模式

服饰行业在过去二十余年间发生了很大变化，突如其来的电商对服饰实体店产生了巨大冲击。有人称是电商搞垮了服饰实体店，其实这种说法并不完全准确。但毋庸置疑的是，直播电商对传统服饰店有着更大的杀伤力。

那么，传统服饰实体店面对电商和直播电商，就真的没有任何活路了吗？答案显然是否定的。当前有很多服饰实体店和批发商也在顺势而为，改变经营模式，以线下店铺和卖场为依托，开通网络直播，搞直播带货。

值得注意的是，相对于其他主播，实体店直播带货模式有着其他主播所不具备的独特优势。

第一，经验优势。

实体店店主一般对服饰行业比较了解，加之很多店主本身就是销售能手，可以充分发挥自己多年来积累的销售方面的经验，更容易完成角色切换，从服饰店店主完美变身为直播间带货主播，更容易上手，也会让用户感到很专业。

第二，场景优势。

研究表明，消费者更倾向于在有场景的环境下消费，而实体店是进行直播带货的最佳场景。

店主销售的产品在实体店里都有展示，这会让粉丝有一种身临其境的感觉。

在直播的时候，根据服饰的不同款式和不同特色，可以更换不同的场景，具有场景优势。

第三，信任优势。

有实体店做背书，更容易让消费者产生信赖感，在实体店里做直播会更容易获取用户的信任，从而促成销售。实体店主播可以将实体店铺信息备注到自媒体账号的介绍中，同时也可以在视频中添加店铺位置的定位，这样会增加用户的信任感，尤其是对于同城的用户。

（3）网店带货模式

网店带货模式即传统电商所发起的直播，比如天猫、淘宝、拼多多、京东等电商平台上的网店，主要目的是推广销售本店产品，即店铺日常销售什么产品就在直播间销售什么产品。

网店带货模式是传统电商对销售模式的积极探索，有助于网店突破流量和销售困境，同时，这种模式也是各大平台大力支持的。

同实体店带货模式一样，网店转型直播带货也有其先天的优势，主要表现在经验优势、客户服务优势和货源组织优势上。

需要提醒的是，线下传统实体商家转型做直播带货也需要开通网店，比如淘宝店铺、快手小店、抖音/头条小店等。线下传统实体商家拥有了自己的网店，即可在平台上以直播的形式挂出自己的产品。

（4）品牌方带货模式

品牌方带货模式是由服饰品牌方、工厂方所发起的直播带货，自己搭建直播基地，至于主播，既可以选用内部培养的主播，也可以找外部的主播进行合作。

对于品牌方而言，这种直播模式更容易掌控，可以按照企业的要求和意志进行。而对于合作的外部主播而言，这是一种“轻资产”的直播模式，主播无须提供硬件设施，不用担心货源和库存压力，也不用费心于售后服务问题。一般只需要提前到基地选好货，等基地做好场景搭建，主播即可开播。

在内容上，主播会依据自家粉丝的需求来筛选款式，一场直播往往会准备大量款式。与此同时，一般来说，基地的装修和直播设备比较高档，画质都比较好，内容辨识度也清晰。

品牌方同主播的合作模式一般有以下几种。

第一，纯佣金模式。

在纯佣金模式下，主播就好比品牌方招来的一名无底薪销售，直播前品牌方不向主播支付费用，直播后按照实际成交金额的一定百分比（也就是一般所说的佣金比例）支付给主播费用。例如，某场直播销售了100万元的服饰，如果双方约定佣金比例为30%，品牌方就需要支付给主播30万元。

第二，坑位费+佣金模式。

坑位费+佣金模式类似有底薪销售，坑位费就是这个销售（主播）的底薪。例如，有主播标价10000元+20%，其意思就是直播前需要先支付10000元坑位费，直播后品牌方还需要按照销售额的20%支付给主播佣金。

坑位费+佣金模式是最常见的直播带货模式，不少头部主播即采用此模式。

第三，对赌模式。

对赌模式比较少见，其基本的操作模式是：例如，合作双方约定对赌比例1/3+佣金20%，直播前品牌方同样无须向主播付费，直播结束后，品牌方需按照直播销售金额的三分之一（就是对赌比例）支付给主播所在机构服务费，另外，再按照直播销售金额的20%支付主播佣金。

以上几种模式各有利弊，品牌方和主播需要结合自身的实际情况进行选择、协商。

5. 了解直播带货基本行业术语

几乎所有的学科、专业、行业都有自己的概念和术语。如果对于服饰产品直播带货知识一无所知，想从零开始学习直播带货基础或者了解直播带货，那么你首先要知道直播带货行业的专业术语，并了解这些术语的定义，这样才能快速地迈出从入门到精通、从菜鸟到专家的第一步。

服饰产品直播带货的行业术语主要有以下几类。

（1）费用类直播术语

表1-1　费用类直播术语

术　语	定　义
坑位费	坑位费是提供直播产品的商家向电商主播支付的费用。坑位费是固定费用，商品要想出现在直播间就要交坑位费，至于商品能否卖出去、卖多少，主播不能保证。 坑位费的金额取决于主播的粉丝量、影响力和知名度，同时也取决于直播中的出场顺序。一般来说，即便是同个主播的同场直播，商品坑位费也会不一样，顺序越靠前坑位费越高
佣　金	佣金，即销售提成，是主播根据直播间商品的销量或销售额，向商家收取特定比例的抽成。佣金是独立在坑位费之外的，商家除了要支付坑位费，往往还要支付佣金。当然，这两种费用是否都要支付，要具体情况具体分析，不是绝对的
纯佣模式	即电商主播只收取佣金，不再向商家收取坑位费，这种模式下的佣金比例一般较高
定向佣金	所谓定向，即只针对某个、某些主播设定的佣金比例，通常是商家长期合作的主播或知名主播，定向佣金比例一般高于普通的佣金比例

续表

术　语	定　义
服务费	商家向直播机构支付的服务费用，一般按直播间商品销售额的一定比例支付
专属利益点	只属于某个主播的独家赠品、产品价格等
音　浪	所谓音浪，即抖音直播间的虚拟货币，粉丝向主播打赏抖币后，主播会获得收益，叫作抖音音浪。音浪可提现，其提现比例为20：1，即20个音浪可兑换1元人民币

（2）主播类术语

表1-2　主播类术语

术　语	定　义
店铺直播	由店铺（实体店、网店）发起的电商直播
产业带直播	通过线上直播销售渠道，帮助商户拓展销售渠道，同时缓解地方产能过剩等问题，带动当地经济发展，是地方政府推动企业数字化转型的重要手段
走　播	顾名思义，是主播“边走边播”，主播前往线下工厂、批发市场、产业基地等进行的直播。主播可以每天都选择一个品牌来进行串讲直播
档口直播	在线下有实体店的商家在直播带货平台销售产品

（3）直播间数据类术语

表1-3　直播间数据类术语

术　语	定　义
ACU	英文Average Concurrent Users的缩写，即直播间平均在线人数
GMV	英文Gross Merchandise Volume的缩写，是指一定时间段内直播间的成交总额，也包含拍下未支付订单的金额
LTV	英文Life Time Value的缩写，即用户终生价值
ROI	英文Return On Investment的缩写，指投资回报率，直播间ROI的计算公式为：ROI=销售额÷坑位费×100%。例如，某主播坑位费为5万元，某商品销售额为50万元，则ROI为1000%

续表

术　语	定　义
PCU	英文Peak Concurrent Users的缩写，直播间在线人数最多的数值
渗透率	直播间渗透率计算公式为：直播间渗透率=直播产出的销售额÷当天总销售额
在线人数	即同一时间点，直播间的在线观看用户人数
PV/UV	PV即Page View，观看人次；UV即Unique Visitor，观看人数
人均在线时长	用户在直播间平均停留的时长

（4）直播流量类术语

表1-4　直播流量类术语

术　语	定　义
淘宝直播浮现权	淘宝直播浮现权，是指直播时商家在淘宝直播频道内展示的权限，是淘宝平台为直播间设置的引流入口，获得淘宝直播浮现权可为直播间导入更多流量
公域流量直播	公域流量直播，即依托第三方平台的直播。商家、企业没有自己的私域流量池，需要借助第三方的流量资源完成直播，当下很多直播都是借助第三方如抖音、快手平台完成，大多数的网红直播、明星直播都属于这种直播方式
私域流量直播	私域流量直播，就是企业、品牌方已经建立相关的用户链接（用App、小程序或微信群的方式），形成了基于链接基础上的私域流量池，在这样的基础上，企业的直播就可以进行基于私域流量池的直播
推流	主播将本地视频源和音频源传输到服务器的一个过程

（5）直播互动类术语

表1-5　直播互动类术语

术　语	定　义
控评	又称“空瓶”，用来控制直播间评论区的言论，主播通常会提前设置屏蔽一些负面的关键词，确保直播间的良性互动氛围。同时，管理员要随时关注直播间的新评论，避免出现不和谐的内容，避免被带节奏，破坏直播间氛围
带节奏	直播间控场人员配合主播，在评论区刷评论，起到一个良好的带头作用，引导其他用户积极参与互动，引导用户购买产品
PK/PK连麦	直播时，主播连线其他熟悉的主播，和其他主播玩互动游戏，有奖有罚，是一种比较常见的直播互动方式，能提升直播间人气
助播	又称“副播”，即在直播间配合电商主播的助理，负责补充产品信息点、回答用户问题等工作

（6）直播产品类术语

表1-6　直播产品类术语

术　语	定　义
引流款	用来为直播间导入流量、吸引人气的产品叫引流款，通常为价格超低的商品，一般价格低至1元，甚至0元
利润款	以营利为目的的产品，又称“高价款”，价格高，利润高
标品	具有统一标准的产品，价格透明，如手机、电脑、家电等
非标品	没有明确规格和型号的产品，价格差距较大，产品款式、型号、标准、质量不一，如服装、鞋类、农产品等
客单价	客单价=每一个顾客平均购买的价格（也叫平均交易金额）。 客单价=GMV÷直播间有消费的顾客总数。 一般情况下，在选择产品时，主播和团队需要根据受众群体的消费力、需求等综合因素考虑客单价

续表

术　语	定　义
白牌	是相对品牌产品而言的，指一些小厂商、小作坊生产的、没有品牌的产品，农产品多属于此类
C2M	英文Customer-to-Manufacturer的缩写，指用户指导生产，即根据用户需求来反向决定生产。目前主要有两种模式：一是直播间模式，即主播根据丰富的选品经验，以及对粉丝画像及消费行为的洞察，打造适配直播间粉丝的C2M产品；二是平台模式，即通过电商平台将用户端与生产端直连，通过大数据分析，精准获取目标群体需求，进而确定定制产品
SKU	英文Stock Keeping Unit的缩写，即库存量单位。这是一种库存进出计量的单位，如件、盒。SKU已经被引申为产品统一编号的简称，每种产品都有唯一的SKU号。对于一种商品而言，当其品牌、型号、配置、等级、颜色、单位、生产日期、保质期、用途、价格、产地等属性与其他商品存在不同时，便可称为一个单品
DSR动态评分	淘宝、天猫的店铺评分，如果3项数据都是绿色，或者有一项低于4.7分，那么产品将无法在淘宝、天猫商品橱窗上架
品牌专场	主播同特定品牌合作的直播带货专场，即这场直播只卖该品牌产品
拼场直播	主播在单场直播里，同时带货多个品牌的产品

（7）直播平台类术语

表1-7　直播平台类术语

术　语	定　义
二类电商	依托广告流量做销售的电商平台
巨量鲁班	电商商家通过头条系（今日头条、西瓜视频、抖音等）资源位投放广告，吸引目标用户购买，与买家直接交易的电商模式
MCN	MCN即网红孵化中心，是专门用来培养和扶持网红达人的经纪公司或者机构
挂榜电商	当商家通过刷礼物，进入主播指定的排名内（比如前三），主播就会与其PK连麦卖货。挂榜电商最早是快手平台上的直播带货方法，目前抖音也有类似的操作

续表

术 语	定 义
DOU+	抖音推出的内容加热工具，用来帮助主播将内容推荐给更多用户
DOU+直播上热门	DOU+服务中的一项，也是抖音为主播提供的直播间加热工具。主播在直播前和直播中均可购买使用，可用来提升直播在推荐页的曝光率，吸引更多流量进入直播间
抖音小店	抖音平台为抖音达人提供的电商变现工具，帮助其拓宽内容变现渠道，类似于淘宝店铺的性质。开通抖音小店后，可以在字节跳动系的各种应用中如今日头条、抖音、火山等进行关联销售，形成一个闭环
商品橱窗	抖音的商品分享功能，开通后可在橱窗放置商品出售，粉丝下单后，可以赚取佣金
星图	品牌主、MCN公司和明星、达人等进行内容交易的服务平台。商家可以根据自身需求，选择契合的抖音明星、网红、达人进行直播带货合作
浮现权	主播在“手机淘宝—淘宝直播”频道展示的权限，需要满足一定条件才可获得
保证金	快手平台开通快手小店或者其他商品渠道都需要商家缴纳保证金。此外，挂榜电商和主播合作时，也会有部分主播要求缴纳保证金
快币	快手平台的虚拟货币，用于粉丝打赏给主播
小黄车	抖音、快手等平台的购物链接。主播在直播间添加售卖商品后，直播间用户会看到“小黄车”，点击可查看并购买商品
快接单	快手官方推出的客户推广需求和达人变现诉求的撮合平台。商家可根据推广需求选择达人，发布直播推广订单。达人接单后，通过直播的形式，帮助客户实现商品销售或品牌营销等目的

6. 了解直播行业的基本规则

2020年3月，中国消费者协会发布的《直播电商购物消费者满意度在线调查报告》显示，“没有使用电商购物原因”中“担心商品质量没有保障”一项占比高达60.5%。“直播购物全流程满意度”中宣传环节满意度最低，得分只有64.7分（百分制），“夸大其词”“假货太多”“鱼龙混杂”“货不对版”成为消费者吐槽的关键词。

网络主播们的带货行为在促进了直播电商繁荣的同时，也经常让直播间成为大型“翻车”现场，可能存在侵害消费者权益的虚假宣传、质量问题、售后维权无门等问题。

网络直播间不是法外之地，直播带货也伴随着巨大的法律风险，如主播的上述违规行为很可能涉及违反《中华人民共和国广告法》《中华人民共和国电子商务法》《中华人民共和国产品质量法》《中华人民共和国消费者权益保护法》《互联网直播服务管理规定》《网络主播行为规范》等法律法规。

为了避免违法违规，免受相关法律的处罚和制裁，直播带货的参与者有必要了解直播行业的基本规则和禁忌。

（1）哪些话主播不能说

“全网最低价，全网最实惠，库存只剩下50件了！”很多主播希望通过“最好”“最优”这类话语刺激消费者的购买欲，殊不知这已经触犯了法律的红线。

主播是直播带货行动的核心，在直播中以自己的名义或者形象对商品、服务作推荐、证明、发布，并引导观众购买，其行为应当符合《中华人民共和国广告法》对于广告发布者和广告代言人的定义。

根据《中华人民共和国广告法》第九条规定，广告不得使用“国家级”“最高级”“最佳”等用语。

因此，在直播时，“oh my god！太好用了吧”这类“比较级”话术可以使用，但是包含“只此一家”“绝无仅有”这类“最高级”形容词的话语就要打住。

（2）哪些事主播不能做

在直播间，主播不要做以下两件事。

第一，主播不得宣传未使用过的商品或未接受过的服务。

《中华人民共和国广告法》第三十八条第一款规定：“广告代言人在广告中对商品、服务作推荐、证明，应当依据事实，符合本法和有关法律、行政法规规定，并不得为其未使用过的商品或者未接受过的服务作推荐、证明。”

实际上，很多带货主播每天都在推荐各种各样的产品，其中不乏未曾使用过的产品。宣传未用过的产品被发现，轻则导致直播“翻车”，重则会因为产品质量问题或存在虚假宣传而受到相应处罚。

因此，主播在直播之前要亲身试用，这既是对消费者的合法权益负责，也是对自己的名誉与形象负责。

第二，不要通过商品比较“踩一捧一”，贬低其他商品经营者的产品或服务。

主播在直播中拿其他品牌的同类商品做比较，以凸显自家产品的优势，在对商品信息的表达不够全面真实的情况下，往往会造成消费者误判，而且会对其他品牌产生不良影响。

对不同品牌的产品比较不仅可能构成虚假宣传，还会因存在商业诋毁而受到《中华人民共和国反不正当竞争法》的制裁。

（3）哪些服装主播不能穿

直播间着装禁忌包括但不限于：

第一，低俗着装。

第二，女性胸部、大腿、背部暴露过多，镜头长时间或聚焦展现胸部等敏感部位。

第三，穿着诱惑性制服、透视装、大面积露脐装、淡色紧身打底裤等不雅服饰。

第四，男性赤裸上身直播。

第五，衣衫不整、走光，或成心暴露内衣裤、内衣肩带，或裹浴巾直播。

第六，展现或背景中呈现计生物品或其他带有性暗示、性撩拨、性诱惑、性买卖等意味的物品。

第七，在身体各部位画低俗图像、写低俗色情文字，暴露文身等。

第八，文胸、内裤、丝袜等内衣类商品不得真人试穿。

第九，其他不雅着装。

以上着装禁忌，适用于直播间所有出镜人员。

（4）哪些人不能作为主播出镜

综合相关法律法规和直播平台的规定，以下人员不得在直播间出镜或进行直播：

第一，未成年人不能在直播间出镜或进行直播。

第二，未经批准，境外主播或港澳台主播不能开播或出镜。

第三，精神疾病患者等不具备完全民事行为能力的人不能单独直播。

第四，禁止使用或变相使用国家机关、国家机关工作人员的名义或者形象进行推广。

第五，禁止利用科研单位、学术机构、技术推广机构、行业协会或者专业人士、用户的名义或者形象作推荐、证明。

（5）哪些行为直播间不能出现

2022年6月8日，国家广播电视总局、文化和旅游部联合发布《网络主播行为规范》（以下简称《行为规范》）。《行为规范》明确：通过互联网提供网络表演、视听节目服务的主播人员，包括在网络平台直播、与用户进行实时交流互动、以上传音视频节目形式发声出镜的人员，应当遵照本行为规范。利用人工智能技术合成的虚拟主播及内容，参照本行为规范。

《行为规范》第十四条规定了网络主播在提供网络表演及视听节目服务过程中不得出现的31种行为，需要特别注意予以规避。

①发布违反宪法所确定的基本原则及违反国家法律法规的内容；

②发布颠覆国家政权，危害国家统一、主权和领土完整，危害国家安全，泄露国家秘密，损害国家尊严、荣誉和利益的内容；

③发布削弱、歪曲、否定中国共产党的领导、社会主义制度和改革开放的内容；

④发布诋毁民族优秀文化传统，煽动民族仇恨、民族歧视，歪曲民族历史或者民族历史人物，伤害民族感情、破坏民族团结，或者侵害民族风俗、习惯的内容；

⑤违反国家宗教政策，在非宗教场所开展宗教活动，宣扬宗教极端主义、邪教等内容；

⑥恶搞、诋毁、歪曲或者以不当方式展现中华优秀传统文化、革命文化、社会主义先进文化；

⑦恶搞、歪曲、丑化、亵渎、否定英雄烈士和模范人物的事迹和精神；

⑧使用换脸等深度伪造技术对党和国家领导人、英雄烈士、党史、历史等进行伪造、篡改；

⑨损害人民军队、警察、法官等特定职业、群体的公众形象；

⑩宣扬基于种族、国籍、地域、性别、职业、身心缺陷等理由的歧视；

⑪宣扬淫秽、赌博、吸毒，渲染暴力、血腥、恐怖、传销、诈骗，教唆

犯罪或者传授犯罪方法，暴露侦查手段，展示枪支、管制刀具；

⑫编造、故意传播虚假恐怖信息、虚假险情、疫情、灾情、警情，扰乱社会治安和公共秩序，破坏社会稳定；

⑬展现过度的惊悚恐怖、生理痛苦、精神歇斯底里，造成强烈感官、精神刺激并可致人身心不适的画面、台词、音乐及音效等；

⑭侮辱、诽谤他人或者散布他人隐私，侵害他人合法权益；

⑮未经授权使用他人拥有著作权的作品；

⑯对社会热点和敏感问题进行炒作或者蓄意制造舆论“热点”；

⑰炒作绯闻、丑闻、劣迹，传播格调低下的内容，宣扬违背社会主义核心价值观、违反公序良俗的内容；

⑱服饰妆容、语言行为、直播间布景等展现带有性暗示、性挑逗的内容；

⑲介绍或者展示自杀、自残、暴力血腥、高危动作和其他易引发未成年人模仿的危险行为，表现吸烟、酗酒等诱导未成年人不良嗜好的内容；

⑳利用未成年人或未成年人角色进行非广告类的商业宣传、表演或作为噱头获取商业或不正当利益，指引错误价值观、人生观和道德观的内容；

㉑宣扬封建迷信文化习俗和思想、违反科学常识等内容；

㉒破坏生态环境，展示虐待动物，捕杀、食用国家保护类动物等内容；

㉓铺张浪费粮食，展示假吃、催吐、暴饮暴食等，或其他易造成不良饮食消费、食物浪费示范的内容；

㉔引导用户低俗互动，组织煽动粉丝互撕谩骂、拉踩引战、造谣攻击，实施网络暴力；

㉕营销假冒伪劣、侵犯知识产权或不符合保障人身、财产安全要求的商品，虚构或者篡改交易、关注度、浏览量、点赞量等数据流量造假；

㉖夸张宣传误导消费者，通过虚假承诺诱骗消费者，使用绝对化用语，未经许可直播销售专营、专卖物品等违反广告相关法律法规的；

㉗通过“弹幕”、直播间名称、公告、语音等传播虚假、骚扰广告；

㉘通过有组织炒作、雇佣水军刷礼物、宣传“刷礼物抽奖”等手段，暗示、诱惑、鼓励用户大额“打赏”，引诱未成年用户“打赏”或以虚假身份信息“打赏”；

㉙在涉及国家安全、公共安全，影响社会正常生产、生活秩序，影响他人正常生活、侵犯他人隐私等场所和其他法律法规禁止的场所拍摄或播出；

㉚展示或炒作大量奢侈品、珠宝、纸币等资产，展示无节制奢靡生活，贬低低收入群体的炫富行为；

㉛法律法规禁止的以及其他对网络表演、网络视听生态造成不良影响的行为。

第二章

平台布局：熟悉各大平台的开播机制

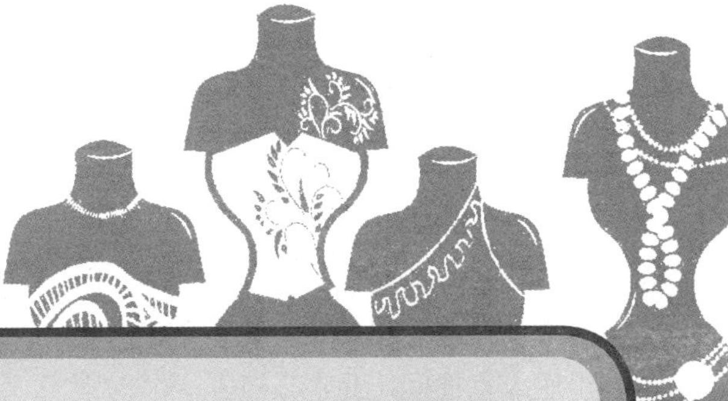

【本章关键问题】

· 服饰产品可以进驻的直播带货平台有哪些？

· 各大平台如何开通直播带货权限？

· 各大直播平台的优势分别是什么？

淘宝、抖音、快手是我国直播电商行业的主要平台，其他直播平台还有京东、拼多多、西瓜视频等。从带货模式、顶流主播数量、活跃用户规模上看，淘宝具有较大优势；从网红数量与结构上看，抖音、快手要领先于淘宝；从市场成交额看，若按严格口径，淘宝的GMV（成交总额）要高于其他两大平台。

从整体上讲，淘宝、抖音、快手三大平台竞争激烈，但淘宝仍占据我国直播电商行业的龙头宝座。

2018—2020年，淘宝直播GMV分别为1000亿元、2000亿元、4000亿元，连续两年翻番，是阿里零售业务中增长最快的板块。

2021年5月，阿里巴巴发布2021财年第一财季财报，财报显示淘宝直播2021财年第一财季GMV超5000亿元。

1. 淘宝直播：开通条件及开通流程

淘宝平台主播主要有两种类型：商家主播和达人主播。2020年，淘宝诞生了近1000个超1亿元直播间，其中商家直播间数量占比超过55%，略高于达人直播间（见图2-1）。

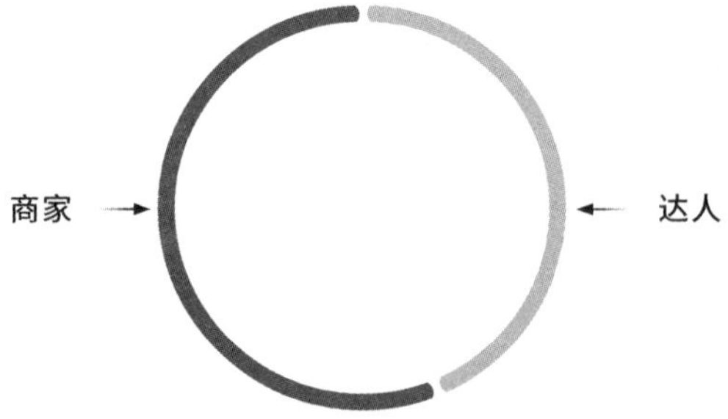

图 2-1　淘宝直播 2020 年亿元直播间分布情况

淘宝主播中，服饰主播和美妆主播数量最多（见图2-2），2019年两者占比分别为14%和12.9%。到了2020年，在这两个类目的主播数量同比倍数增长的情况下，占比反而略有降低，这意味着更多领域的专业主播开始扎根于淘宝直播，主播的类型趋向均衡和多元化，但服饰类产品依然占据着淘宝平台直播品类的头把交椅。

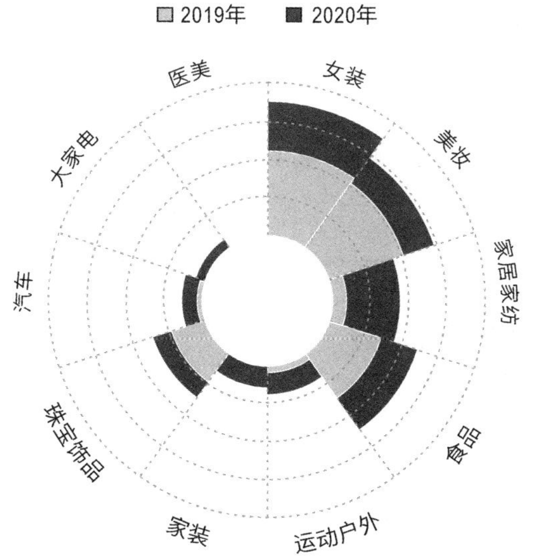

图 2-2　2019 年、2020 年淘宝主播分布情况

显然，对于服饰产品而言，淘宝是一个重要的直播带货平台。

（1）淘宝直播开通权限

可在淘宝平台开通直播权限的用户有两种：淘宝店铺和达人。这两类用户分别要满足如下条件才可开通直播权限（见表2-1）。

表2-1 淘宝店铺和达人直播开通条件

淘宝店铺（个人店铺和企业店铺）	达人（非商家、消费者）
①绑定支付宝且经实名认证的淘宝账号	①绑定支付宝且经实名认证的淘宝账号
②淘宝店铺等级在一钻及以上（企业店铺不受限）	②下载淘宝直播App
③店铺微淘层级L1以上	③具有良好的控场能力，能够较好地同粉丝进行互动
④店铺主营类目在线商品量≥5件，店铺近30日销量≥3件，店铺近90日成交金额≥1000元	④完成相关注册和实人认证流程
⑤卖家具有相应的客户运营能力，在本自然年度内没有出售假冒商品违规记录，且没有严重违规行为，被扣分少于6分	—

（2）淘宝直播开通流程

淘宝店铺和达人直播开通流程也不一样，分别如下：

①淘宝店铺直播开通流程。

打开淘宝客户端店铺账号后台，点击“商家自运营中心”，找到“淘宝直播中控台”，平台会自动审核店铺是否具备开通直播的条件，满足条件的店铺按指示流程开通即可，不满足条件的店铺，先去查缺补漏，待满足条件后，再行开通。

需要注意的是，除房地产、内衣等极个别类目不允许开通直播外，其他细分类目都可以开通。

②达人直播开通流程。

当前，淘宝达人的开通门槛大大降低，甚至可以称得上是零门槛，只要有淘宝、支付宝账号，就可以开通直播。

第一步，下载淘宝直播App。

第二步，点击“立即入驻”。

第三步，实名认证成为主播。

认证成功后，即可开通淘宝直播。不过，从开通直播到成为直播达人，中间有一段较长的路要走。

淘宝达人主播主要有以下类型（见表2-2）

表2-2　达人主播类型及优势

达人类型	优势
淘女郎	入场早，成长周期长，深耕行业多年，有丰富的直播经验，收获了初期红利
红人	自带流量，有稳定的粉丝基础，能完美地将内容和电商相结合
明星	有知名度，自带流量，品牌认可度高
总裁	行业影响力大，对品牌认知度强，吸睛能力强
主持人	口才佳，经验丰富，具备专业的主播素养，有一定的知名度
导购	经过专业训练，了解消费者和产品，数量众多

2. 抖音直播：入驻流程与操作技巧

抖音是由字节跳动孵化的一款音乐创意短视频社交软件，是短视频领域的“扛把子”。

回望抖音的用户增长规模，堪称指数级。2018年1月，抖音日活跃用户为3000万，当年6月便成功破亿。2019年1月，抖音日活跃用户达到2.5亿，截至2020年1月5日，抖音日活跃用户数已突破4亿大关。

到2020年8月，包含抖音火山版在内，抖音日活跃用户已超过6亿，成为继微信、淘宝之后，屈指可数的日活跃用户超6亿的超级App。

2022年，抖音用户进一步增长，日活跃用户已突破7亿。

借助短视频完成互联网用户的“圈地运动”后，抖音逐渐将其重心从内容生态转向电商领域，大有气吞山河之势。

2018年6月，抖音开始挑选100个账号内测直播电商功能，正式拉开了抖音直播电商的帷幕。当年“双11”期间，抖音直播带货成交额已突破2亿元。

2020年上半年，抖音平台力推直播带货，密集策划了多个直播带货活动。

随后，抖音推出“宅家云逛街”计划，向线下商场、门店、工厂、个体商家提供10亿直播流量扶持，用来帮助商家在抖音线上进行直播卖货。

2020年3月下旬，抖音发起“战疫助农，县长直播”活动，其中，在安徽特色产品专场直播中，有6位县长亲自进入直播间为本地产品代言带货，累计销售额超过2010万元，临泉县芥菜、舒城县茶油、石台县富硒茶等特色农产品一度售罄。

2020年4月22日，抖音平台上发起的“抖in好物节”，开播194场，累计在线观看人数高达1.4亿，累计销售额达1.2亿元。

抖音在电商行业最突出的表现是由短视频衍生出来的直播带货。2021年，抖音直播场次平均每月超900万场，其中大约三成是直播带货，即每月有300万场的直播带货。

如同激增的日活跃用户一样，抖音电商GMV同样得到了快速增长。2019年，抖音电商GMV仅有100亿元，快手电商GMV则达到350亿元，淘宝直播的GMV为2000多亿元。而2020年全年，抖音电商已经完成了5000亿元的GMV，其中抖音小店为1000亿元，其余的成交额则跳转到了淘宝、京东等第三方电商平台。

2021年初，抖音电商为自己定下了1万亿元GMV的年目标，最终达成率预计为80%。抖音并没有公布官方数据，但广发证券、国金证券、华创证券的估算数据为7000亿～8800亿元。

2022年5月31日，抖音电商第二届生态大会于线上举行。抖音电商总裁魏雯雯宣布，将升级兴趣电商到全域兴趣电商：通过覆盖全场景、全链路购物需求，满足用户对美好生活的多元需求；通过短视频和直播内容、商城、搜索等协同互通，为商家生意带来新增长。

魏雯雯表示，过去一年平台GMV是同期的3.2倍，这证实兴趣电商是巨大的生意机会。

从抖音平台各品类销量绝对值来看，服饰内衣、食品饮料、日用百货、美妆护肤、鞋靴箱包为2021年全平台销量最高的五大品类，其中服饰内衣类产品高居第一。

服饰产品直播带货的另一个利好消息是抖音电商平台超七成成交用户为女性，该部分用户不仅购买力强，而且是服饰产品的重点消费人群。

抖音直播带货功能开通流程如下。

（1）开通直播带货权限

第一，开通直播权限。

获得抖音直播权限有三种途径。

①早期开通者。前期抖音曾开放过直播申请，当时门槛比较低，有一定原创视频和粉丝量的用户都可以开通，现在具有直播权限的用户有很多都是在那个时期开通的直播权限。

②平台邀请型。对于一些外表出众、才艺俱佳的主播，抖音平台会主动邀请其开通直播。

③自愿申请型。抖音平台的直播申请条件在不断变更中，申请门槛总体呈下降趋势。

当前，开通抖音直播权限的条件有以下两个。

①已经成功开通商品分享功能：商品分享功能开通需要同时满足粉丝≥1000、实名认证、发布10个以上的视频这三个条件。

②抖音账号粉丝数≥1000：抖音直播带货门槛其实和视频购物车门槛一致，只要开通了商品分享功能也就是商品橱窗，就能直接开通直播购物车功能。

需要注意的是：如果某抖音账号当天的粉丝数刚好超过1000，则第二天直播分享商品权限才会生效。

第二，开通商品橱窗权限。

开通抖音商品橱窗需要满足以下条件：

①账号需实名认证。

②个人主页视频数(公开且审核通过）≥10条。

③账号粉丝量≥1000。

开通商品橱窗后，主播不仅拥有个人主页的商品橱窗功能，还支持在视频和直播中添加并分享商品。也就是说，开通抖音商品橱窗后，就能获得视频购物车和抖音直播带货的权限。

（2）入驻抖音小店

2019年，抖音开通了抖音小店功能，抖音小店与淘宝店铺类似，想卖货的个人或商家需要上传营业执照，选择经营类目、上架商品，再通过短视频或直播来宣传商品，促成交易。这样整个消费闭环完全落在抖音体系内，而无须跳转至淘宝等第三方平台。

要想入驻抖音小店，首先要注册账号并登录。使用电脑访问抖店官网，可以选择头条账号、抖音账号、火山账号中的任意一种渠道账号进行注册或登录（见图2-3）。

图 2-3　入驻抖店

需要注意的是：

①注册成功后，登录方式将无法自助修改，所以要尽可能选择最稳妥的方式保管登录账号。

②渠道App上的账号仅用于注册和登录使用，至于小店店铺与渠道号的关联，则需要小店店铺营业后到店铺的渠道绑定中进行绑定。

③不要随意注销渠道App上的账号，因为注销后，将无法再登录小店。

抖店入驻流程如下：

①填写资质信息。登录后提交营业执照、法人/经营者身份证明、店铺LOGO等。开店主体有两种：企业和个体。企业店铺类型有专卖、专营、旗舰店、官方旗舰店四种，个体店铺只有个体一种。

②平台审核。平台资质审核为1～3个工作日。

③账户验证。平台对“对私银行卡号+银行预留手机号或对公账户”进行打款验证。

④交纳保证金。不同类目、不同主体的抖店，保证金各不相同，具体见

官网提示。经营多类目时，仅按最高金额收取，不叠加，交纳完成后即可成功开店，正常营业。

（3）添加商品

开播之前，主播需要将抖音小店的商品添加到商品橱窗，再添加到直播间，这一工作务必在直播开始之前进行。

（4）开播预告

为了获得良好的直播带货效果，通常在直播开始前的3~5天，主播就要通过各种途径，比如抖音短视频、微信朋友圈、微博、微信公众号等进行预告、预热，告知粉丝直播的时间、主题、带货商品的信息以及奖励措施等，实现站内外引流。

3. 快手直播：入驻流程与操作技巧

2022年，“616”大促期间，特步在快手平台的超级品牌日中凭借一场女子产品线“半系列”新品造势营销活动，取得了6.7亿全网曝光、3911万元销售额和近24万新增粉丝的成绩。

“我们在这件事情上走了挺多的弯路。”特步电商直播中心负责人戛纳说。

从决定在快手做运营开始，特步就把快手作为新品营销和收获新业绩增量的渠道，“让大家认识特步好的产品，而不是甩尾货清仓”。但因为自身经验不足，特步在快手探索了很长时间，直到成功策划这场超级品牌日新品营销活动，才证明了自己策略的正确。

特步电商副总裁沈华东对快手的评价是：“这个平台上不单是‘人找货’，‘货找人’其实也是很重要的一个逻辑。怎么‘货找人’？靠的就是内容。”

沈华东口中的“内容”，简单来说就是把过去货架电商中的商品详情页变成了现在直播间和短视频中的可视化内容。

而为了更好地让特步这样的品牌方降低直播电商经营的门槛，提高新品运营效率，在直播电商领域同抖音、淘宝呈“三分天下”之势的快手平台提炼出了一套商家经营方法论和对应的扶持政策。

在“2022年‘116’商家大会”上，快手平台正式宣布推出一项“快手新品超级计划”——打造100款GMV破1亿元，以及10000款GMV破1000万元的新品。

快手平台用户运营负责人叶恒如此向商家解读新品运营的“三步”策略：

第一步，商家可通过达人、短视频，完成对用户的“新品种草”，产生新品购买用户。

第二步，通过自身店播，引粉到店产生复购（养草）。

第三步，养成会员心智后，通过搜索、推荐、商城，完成日常销售和更深度的复购（拔草）。

在2022年引力大会上，快手平台还提出在2022年计划扶持500个快品牌，将使用230亿的流量助力快品牌成长，2022年入驻快手平台的新商家则享有入驻前期技术服务费减免和返还的福利，后续有产品特权、营销活动和专属服务加以支持。在平台扶持+流量和强社交属性的吸引下，快手平台未来可能吸引更多品牌入驻。

值得注意的是，快手的社区体系有利于白牌的“冷启动”。据《2022快手电商数据报告》，2021年自播GMV超过1亿元的品牌有61个，超5000万元的有133个；2021年Q4品牌自播GMV是2021年Q1的8倍，其中服饰类增长超25倍，美妆个护增长超8倍，家电数码和食品茶酒增长均超5倍。

快手财报显示，2022年第二季度，快手用户规模创历史新高，快手平台平均日活跃用户达3.47亿，平均月活跃用户达5.87亿；电商月度活跃买家渗透率超过15%，电商月复购率同比、环比持续提升。

快手平台直播带货交易规模也在持续高速增长。2018年，快手直播电商在线交易额为300亿元。2019年，快手的在线交易额已经猛增至1500亿元。2020年，快手直播带货规模进一步增长，超级网红的直播带货能力突出，以2020年11月为例，快手平台前20位头部主播的带货总销售额就已达21.16亿元。

2021年，快手全年电商交易总额（GMV）达6800亿元，同比增长78.4%。

总体而言，快手电商用户生态呈现出购买力强、下单频次多、内容消费度高等特点。

快手是最早的短视频应用之一，与抖音类似，但定位和用户画像又有所不同（见表2-3）。

表2-3 快手、抖音定位及用户画像对比

	抖音	快手
定位	定位时尚潮流，主张“记录美好生活”	面向大众用户，鼓励各类原创生活视频，宣扬“每个人都值得被记录”
用户画像	用户多集中于一、二线城市，收入、学历相对较高	用户多集中于三、四线城市，收入、学历相对偏低
运营模式	运营更激进，擅长主动出击，注重明星流量和品牌入驻，广告营销价值较高，不断涌现新网红	强调“普世价值”，很少干预用户创作，也极少扶持头部网红，品牌合作较少，属“佛系运营”
品牌形象	偏时尚	更接地气
流量分发机制	倾向爆款的推荐机制	“普惠”式分发机制。不易制造爆款，但能够造就创作者和粉丝间的“老铁关系”，能够加深内容创作者与粉丝的黏性，有助于快手账号沉淀私域流量，出现信任度较高的“老铁关系”，在直播领域更具优势。平台围绕“老铁关系”形成的是“先认人再认货”的商业转化模式

存量竞争时代下，快手生态内的多个细分赛道中，需求和供给之间仍存在较大空间，是服饰类产品商家必争的一个线上直播销售渠道。

（1）快手直播开通流程

快手直播开通非常简单，基本上没有门槛，也没有粉丝数量要求，只要是经过实名认证的注册账号都可以开通。

第一步，下载快手App客户端，打开应用，点击左上角的“三道白杠”图标。

第二步，点击“设置”，找到“开通直播”选项。

第三步，进行实名身份认证和人脸认证，通过后即可开通直播权限。

（2）快手小店开通流程

快手小店分为个人店、个体店以及企业店，而企业店铺则分为旗舰店、专卖店、专营店、卖场型旗舰店以及普通企业店。

通过实名认证的用户可申请开通快手小店，需提交相关资质、营业执照，通过平台审核后方可开通，流程如下：

第一步，下载快手App客户端，打开应用，点击左上角的“三道白杠”图标。

第二步，点击“快手小店”，进去后选择右上角的“卖货”图标，点击进入（见图2-4）。

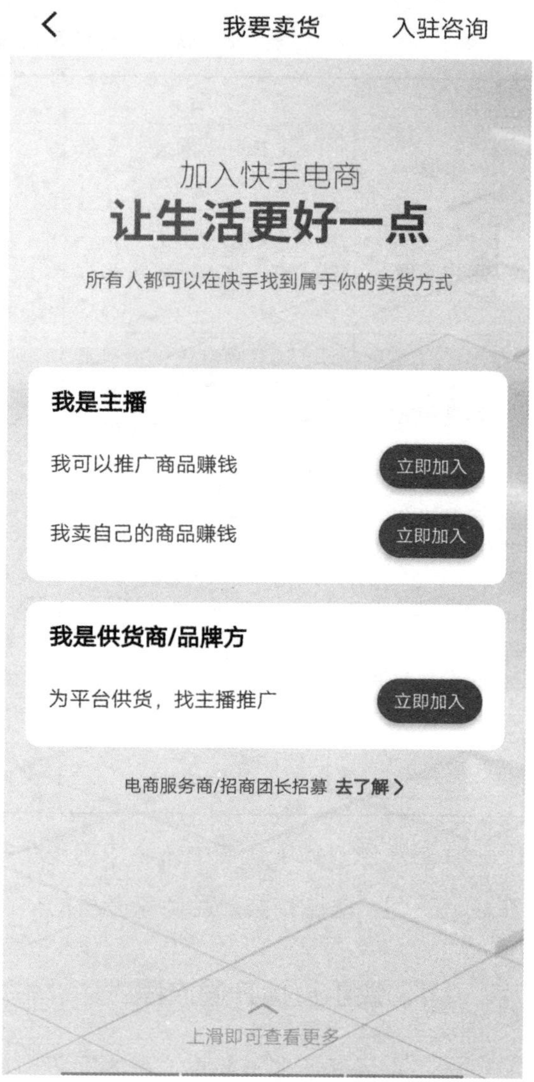

图 2-4　快手小店入驻身份选择

第三步，根据自身情况选择以主播、供货商/品牌方身份，点击“立即加入”，进行资质（个人、个体工商户、企业）绑定（见图2-5）。若选择以供货商/品牌方身份加入，则需要在电脑端进入快手小店官网（https://www.kwaishop.com/）按流程操作。

建议在电脑端进行入驻操作，入驻选项更多，可以主播（带货达人、自播商家）、货主（供货方、品牌方、进口店）、服务商（电商服务商、招商团长）的身份入驻。

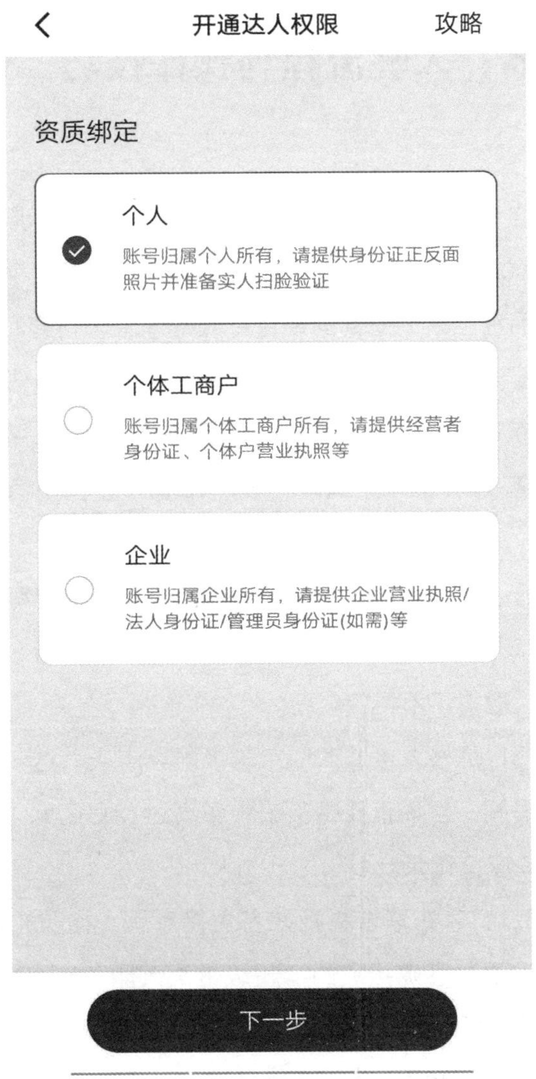

图 2-5　资质绑定

第四步，提交相关信息并经验证、审核后，即可成功入驻。

4. 京东直播：入驻流程与操作技巧

京东是中国自营式电商巨头，2021年全年，京东实现净收入9516亿元人民币（约1493亿美元），同比增长27.6%。

对直播电商而言，人们想到的平台首先是淘宝、抖音和快手，作为电商行业不可或缺的重要代表，京东在直播电商领域却显得有些低调。

事实上，京东同淘宝、快手一样，都是在2016年入局直播电商赛道，只有抖音最晚，直到2018年才入局，但后三者在直播电商领域的作为要远远超过京东。

2020年以来，京东开始发力直播，京东直播带货异军突起，打了不少漂亮的翻身仗。京东借势国内一些明星、知名主持人、著名企业家，推开了直播电商的大门，取得了不俗的成绩。

2020年5月15日是格力电器入驻京东十周年店庆。这一天，格力总裁董明珠现身京东直播间，当场直播带货销售额高达7.03亿元，创下家电行业直播带货史上的最高成交纪录。

2020年6月6日，京东联合央视知名主播康辉、撒贝宁、尼格买提、朱广权和北京台“一姐”春妮组成的“超级带货天团”在京东直播间创下了3小时带货13.9亿元的新纪录，这在整个直播电商行业也是数一数二的战绩。

2020年7月13日，著名音乐人汪峰独家入驻京东直播，成为“京东秒杀首席直播官”，7月15日晚8点，汪峰在京东直播间的首秀开始，4小时的直播时间，累计在线观看人数超915万，带货金额突破2亿元。

在发展前期，京东的利润大部分来自自营模式，近年来，京东平台第三方商家入驻业务收入所占比重在逐年上升，逐渐成为京东新的利润中心，同时，这也成了第三方商家包括服饰类商家入驻京东并开展直播带货的一个契机。

截至目前，京东服饰品类GMV占京东总GMV的10%左右，在服饰行业整体扩容、品牌商家回归京东、京东直播模式建设的驱动下，未来京东的服饰品类增长空间可观。

另外，自2012年开始，天猫以“二选一”为由迫使商家退出京东平台，京东服饰品类受到严重影响。

2021年4月，国家市场监管总局对阿里巴巴“二选一”的行为重罚182.28亿元，抵制其垄断和不正当竞争行为，并要求其他互联网平台进行全面自查和整改。此次监管介入后，很多被迫“二选一”的品牌陆续回归京东开设POP店铺。

2021年，京东“双11”着重强调了服饰品类的增长和品牌的扩容，波司登、维密、太平鸟、OTZ等超100家KA品牌入驻京东。据燃数科技统计，2021年京东服饰品类线上销量同比增长21.12%。

服饰类产品是直播模式渗透率最高的品类，京东目前正在积极地加强直播和短视频能力建设，预计第三方服饰类商家如果开播将可以得到京东平台更多的流量扶持。在服饰行业线上规模整体扩容、京东用户和商家侧均改善的情况下，预计京东服饰品类未来依然具有增长空间。

那么，如何加入京东直播呢？具体有以下两种途径。

（1）达人直播

京东达人平台是京东商城旗下的第三方导购平台，面向全球优秀、有个性的媒体、自媒体、网红达人、时髦买手开放。

目前京东达人涵盖美食、数码、美妆、穿搭、母婴等多个领域，而京东平台也诚邀热衷于消费内容的达人入驻。京东达人平台定位于高端质量内容的汇合发布渠道，以完成达人精品导购内容精准分流，为达人带来更多的曝光和成交。

对于个人和媒体，想要开通京东直播，需要提供发布者昵称给运营人员，开通直播权限，再预约房间。

①注册京东达人。

在PC端登录京东内容开放（达人）平台地址http://dr.jd.com（如图2-6所示），注册达人身份，达人身份通过后即可申请开通京东直播权限。

图 2-6 京东内容开放平台登录入口

②京东直播申请流程。

京东直播申请步骤如下：

第一步，提报。按照附件提报表的提报格式进行填写。

第二步，确认排期。平台直播运营人员会与事业部直播负责人确认排期。

第三步，申请直播权限。如果没有权限，需先申请开通。具体可参考平台提供的指南——开通直播权限的素材准备。

第四步，准备素材。

如果不需要配置直播间内的坑位，则只需要设计“京东直播封面图制作规范”里的800mm×600mm的封面图，设计完成后无须发给运营人员，预约房间时直接上传即可，会有专人审核。

如果需要在直播间内配置坑位(坑位可以配置跳转优惠券、活动页、商品页），则商家要自己配置两坑位或者三坑位，并按素材模板里“直播间坑位模板”进行设计，该图无须发给运营人员。

第五步，预约房间。将封面图在预约房间时上传，预约完成后将房间ID以邮件或其他方式发给监看人。如不符合规范会有监看人联系修改(每场直播会有专人联系商家，届时只需按照监看人指引反馈房间号，也就是直播ID），默认可预约7天内的场次。

第六步，直播测试。届时会有平台工作人员联系商家做直播相关的测试，通常会在直播前一天联系。

第七步，正式直播。按照预约时间提前10分钟做好准备，提前1分钟进入直播间开始直播。

（2）商家直播

这里的商家是指入驻京东的第三方商家、小店，在京东开店的门槛相对较高，流程也较为复杂。

第一，商家入驻京东的基本流程。

①登录卖家在线入驻系统，在线签署入驻协议。

②根据页面要求填写联系人信息，完善公司信息，包括上传营业执照、税务及财务信息、经营类目、经营品牌、店铺名称等。

③合同签订、卖家交费。在所有信息确认无误后就可以根据系统提示交纳费用。

④京东确认交费无误后，店铺状态就会变为开通，用户可以登录商家后台开始正常经营。

在京东开店，不同类型的店铺费用也不同，其总体费用基本为5万～35万元，商家需向京东交纳的保证金为2万～30万元，退店时押金可以退还。

另外，京东平台服务费为每月1000元，平台扣点是按销售额扣取的，一般是3～10个百分点。

第二，商家入驻京东直播。

商家想在京东平台进行直播带货，需要先入驻京东直播，操作流程如下：

①在电脑或者手机端进入京东商家的后台地址。使用京东卖家账号登录，申请开通达人账号，获得基本的直播资格。

②在卖家后台的“渠道申请”中找到京东直播，点击“申请直播”。

③填写申请理由，提交后等待京东审核，审核通过后，即可获得直播带货权限。

第三，添加商品。

拿到直播带货权限后，商家可在直播间插入相应商品，用户就可以点击商品跳转到相应的页面下单购买。

添加商品需要进入京东达人平台的后台，点击“内容营销”进入页面，在内容营销的页面，填写直播ID、标题、直播封面、商品信息即可。这样等直播开启，直播间里就会出现相关的商品信息。

5. 拼多多直播：入驻流程与操作技巧

成立于2015年9月的拼多多，是基于移动互联网的主流电子商务应用平台，是新电商模式的开创者。用户可以通过拼团购的模式，以更低的价格，购买到性价比极高的商品。

拼多多创造了诸多电商领域的成长神话：成立3年后上市，4年后平台GMV超1万亿元，5年后月活跃用户数超过5亿。

拼多多财报显示，截至2021年Q4拼多多的年活跃买家用户规模为8.687亿，比上年的7.884亿增长了8030万，同比增速约10.19%。

2021年全年，拼多多GMV达24410亿元，较上一年的16676亿元增长了46.4%。2021年活跃用户平均消费金额也从2020年的2115元提升至2810元，同比增幅达32.9%；货币化率也相应提升至3.85%。

拼多多的崛起，改变了中国电商领域阿里巴巴、京东双雄割据的局面，其竞争核心是在商品供应侧及需求侧都打造出了差异化优势。

①供应侧，拼多多掌握了低价产品供应链。

②需求侧，拼多多的核心打法是“农村包围城市”，该打法之所以能成功，一方面是因为“货找人”的逻辑降低了三四线城市的用户购物门槛——推荐取代搜索成为主要的购物驱动，另一方面则是低价本身就具备刺激消费的作用。

2019年，拼多多开始试水直播电商。2019年5月，拼多多宣布与快手合作，拼多多商家可接入快手主播资源做商品直播推广。

2019年6月6日，知名主持人周涛现身拼多多“618”官方直播间，成为拼多多的首个“明星推荐官”。周涛精心挑选了43款带货商品，其直播首秀吸引了1600万拼多多用户观看，很多商品一经上线即被秒杀一空，单场带货销售额超过1.4亿元，创下了拼多多平台直播带货新纪录，也彰显了拼多多在直播带货领域的爆发力。

2020年1月19日，“多多直播”上线；3月，开放MCN机构入驻；4月，NBA前球星马布里在拼多多直播带货首秀；9月，App首页上线一级直播入口。

我们可以明显地看到，拼多多的布局速度在变快，力度在加大。

拼多多的直播带货正处于高速成长期。在拼多多进行直播带货的开通流程及操作要点如下。

（1）拼多多开店要点

拼多多直播带货要依托拼多多店铺进行，因此，首先要开通拼多多店铺。

拼多多开店门槛非常低，开店流程也非常简单，无论是开个人店还是企业店，只需按照平台指示流程进行即可，过程非常简单，只需准备好相关证件（个人需提供身份证，企业需提供营业执照）、银行账户等资料即可，如果有不清楚的地方，也可以选择查看平台提供的“入驻手册”进行学习。

当前，拼多多商家入驻是免费的，而且平台不向商家收取任何销售提成点或抽成。

不过，无论是个人店还是企业店，都需要交纳保证金，其标准如表2-4所示：

表2-4　拼多多服饰类店铺保证金交纳标准

品类	非海淘企业保证金	海淘企业保证金	非海淘个人保证金	海淘个人保证金
服装箱包	1000元	10000元	2000元	10000元

商家入驻后，拼多多平台有权每月根据店铺上个自然月的销售情况对保证金标准进行调整（详细标准见表2-5），如果店铺账户内的店铺保证金余额高于其上个自然月销售额所对应的店铺保证金标准，则店铺保证金不予调整。

表2-5　店铺保证金调整标准

上个自然月销售额x/元	保证金标准/元
$x > 500000$	10000
$100000 < x \leqslant 500000$	5000
$50000 < x \leqslant 100000$	2000

店铺在经营期间如果出现以下违规情形，拼多多平台会对其保证金进行扣划及赔付：

①若商家在经营期间发生违规情形，平台有权根据平台协议及平台规则的规定扣划其部分或全部店铺保证金，用于赔付消费者、赔偿平台损失或支付其他应由商家承担的款项或费用。

②若平台收到任何第三方对商家发起的投诉、举报并成立，平台有权扣划该商家的部分或全部店铺保证金，用于赔付第三方、赔偿平台损失或支付其他应由商家承担的款项或费用。

③若平台因商家自身原因受到任何第三方发起的投诉、举报、索赔、诉讼或仲裁等而遭受任何损失或支出任何费用或款项，平台有权扣划该商家的部分或全部店铺保证金，用于赔付第三方、赔偿平台损失或支付其他应由商家承担的款项或费用。

商家如果申请退店或平台关闭店铺，平台将根据《拼多多退店规则》，将店铺保证金余额退还至店铺提现账户或者按照原支付方式退回。

（2）开通直播权限

开通拼多多直播没有任何门槛，正常商家都可以开通，具体流程如下。

第一，下载拼多多商家版。

登录后，按“工具→营销→创建直播”的顺序进行，即可开通直播权限。

第二，上传直播封面。

封面要求如下。

①尺寸：1:1，800px×800px以上，大小在5M以内。

②内容：能清晰突出展示商品的图片。

③封面要求：不能有平台外的诱导信息、简洁明了、尺度不能过大、不能拼接、边框不能是纯色的。

第三，取直播标题。

直播标题要求及规范如下：

①不超过16个字符。

②内容简明扼要，能够表达直播主题（如品牌女装，限时开抢等）。

③不允许出现没有意义的文字，如11111、bbbbb等。

④避免出现夸大的词汇，如全网价格最低、质量最好等。

⑤不允许出现平台外的诱导引流信息，如微信、QQ、电话号码等。

第四，选择添加商品。

可以添加店铺中的商品，选择要进入直播间的商品即可，也可以通过商品ID来添加商品。

另外，商家在开播前还可以根据需要来添加、删除和对商品进行排序，开播后就只能添加商品，不能进行其他操作。

第五，选择希望开通的直播。

确认直播信息，调整好画面、声音，就可以正式开始直播了。

6. 西瓜视频直播：入驻流程与操作技巧

西瓜视频与抖音一样，是字节跳动旗下的视频平台。二者的定位差异在于：抖音是短视频平台，西瓜视频则是中视频平台，西瓜视频以“点亮对生活的好奇心”为口号。西瓜视频通过人工智能帮助每个人发现自己喜欢的视频，并帮助视频创作人轻松地向全世界分享自己的视频作品。

2020年，西瓜视频平台月活跃创作人已超过320万，月活跃用户数超过1.8亿，日均播放量超过40亿，用户平均使用时长超过100分钟。

在直播电商的风口下，各大电商、视频平台都在加码布局直播带货，大家进场有早有晚，但不会缺席。自2020年开始，西瓜视频也开始不断完善内容电商产品功能，同时大力给予电商达人和商家以流量、现金奖励和运营扶持，以释放内容电商的带货潜力，一批电商达人随之崛起于西瓜视频平台。

2019年6月，美姐在西瓜视频开通了自己的账号“美姐说”，定位为专注服装领域的带货达人，在西瓜视频拥有33万粉丝（见图2-7）。

图 2-7　“美姐说”西瓜视频账号主页

凭借自己在服饰领域的经验和积累的粉丝，加上平台的利好政策，2020年3月，美姐在西瓜视频开了一场电商直播，她和品牌方都没想到，这场直播会创下西瓜视频的单场直播带货纪录。

在直播带货开始前，美姐去了知名家纺品牌罗莱家纺的总部，经过协商，最终敲定了直播合作：美姐在西瓜视频上开罗莱家纺的直播专场，婚庆四件套、空调被、男士居家服等商品将以低于专柜销售价的方式在直播间出售。

当天，美姐同老公一起出现在直播间，开启了直播带货之旅。直播开始后，直播间的人气一路飙升，从开场的28万一路飙升至157万。

当天的直播，总成交单量高达两万多件，交易额468万元，直逼500万元，创下了西瓜达人单场直播带货纪录。

美姐本人也很惊讶，活动结束后，她在西瓜视频发布了一条动态："播了十几个小时，也给自己创造了奇迹，我没想到我能得到这么多粉丝宝宝的信任和支持，在最后结束的时候，我真的憋回去了几次眼泪。"

"美姐说"是西瓜内容电商的一个典型案例。过去，人们对于西瓜视频的认知更多的似乎是短视频社区，事实上，当前西瓜视频正在大力发展内容直播电商。

各大平台直播电商的商业模式是基本相同的，但由于平台生态系统的不同，各家的玩法也不尽相同。西瓜视频具备独特的平台生态属性，开展直播电商也有自己独特的优势。

第一，小店可多渠道展示。

达人在西瓜视频上开店没有费用，也不用交佣金。而且，西瓜视频与今日头条、抖音、抖音火山版四款应用是互通的。达人和商家开通西瓜小店之后，在抖音、今日头条、抖音火山版个人账号主页均能展示自己的店铺信息。

同理，由于店铺互通，抖音达人和商家也可以便捷同步西瓜视频做电商。

2022年6月1日，今日头条发布通知称，将对直播板块进行整体升级，升级之后的直播服务将由抖音提供。根据规则，用户的今日头条账号内的直播权益可迁移/融合至抖音账号，且抖音账号开播的内容可同时在抖音、今日头条和西瓜视频上分发。

这意味着抖音与今日头条、西瓜视频在内容、电商体系上进一步打通，字节跳动直播电商的展示场景将覆盖四大产品窗口，这是字节跳动资源整合的优势，同时也为达人店铺提供了流量支持。

第二，短视频和直播双驱动。

作为一个多元化内容的社区，短视频和直播是西瓜视频的两大主要内容形式。对于电商达人来说，直播和短视频都是内容工具，二者相辅相成。

直播自不必说，这种强互动、实时展示的内容形式，向来是电商转换利器。而短视频也是达人深耕电商的重要内容形式。短视频具备高传播、高曝光属性，是涨粉的有效工具。短视频也可以辅助直播卖货，直播卖货前通过短视频进行曝光、预热。

此外，自西瓜视频上线边看边买功能后，短视频本身就可以进行带货。短视频和直播双驱动，成了西瓜视频内容电商的一大特色。

在西瓜视频进行直播带货，先要开通头条小店，再开通直播带货权限。

（1）开通头条小店

头条小店开通步骤如下：

①在电脑端登录头条号，找到“功能实验室”（见图2-8），点击进入。

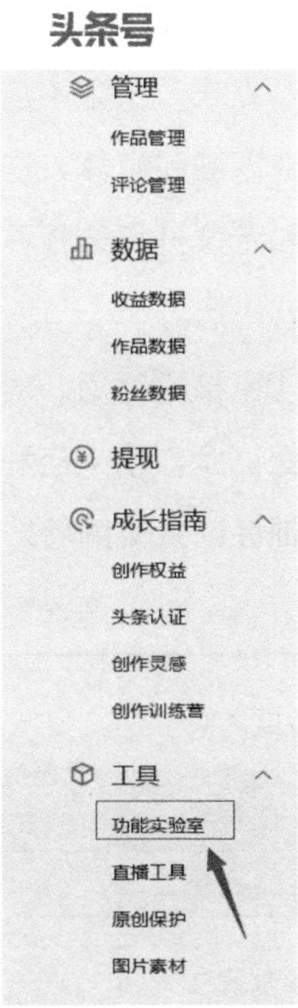

图 2-8 头条号“功能实验室”

②找到“头条小店”（见图2-9）。

图 2-9 “头条小店”所在位置

③点击“头条小店”，进入“抖店”页面。头条小店有两种入驻方式，即企业入驻和个体入驻，店铺类型有普通、专卖、专营、旗舰店四种，根据需求和定位进行选择并选好相应的经营类目，点击“立即入驻”，入驻流程同抖音小店。

④审核通过后，对接合众结算，然后在线签署合同。合同签署完成就要交纳保证金，个人店和企业店的保证金标准不同（详情如表2-6所示）。完成店铺保证金交纳后，头条小店即开通了。

表2-6 头条小店保证金标准

经营大类	一级类目	保证金（人民币，单位：元）	
		个人（C）店	企业（B）店
服饰	服饰内衣	2000	4000
运动户外	运动户外	2000	4000
鞋靴箱包	鞋靴	2000	4000
	礼品箱包	5000	10000

续表

经营大类	一级类目	保证金（人民币，单位：元）	
		个人（C）店	企业（B）店
食品	食品饮料	2000	4000
	酒类	10000	20000
	生鲜	2000	4000
	土特产	2000	4000
珠宝首饰	钟表类	5000	10000
	珠宝首饰	10000	20000
医药保健	医药保健	5000	10000
母婴	母婴	5000	10000
	玩具乐器	2000	4000
居家日用	宠物生活	2000	4000
	厨具	2000	4000
	家居家装	5000	10000
	家具	5000	10000
	家装建材	2000	4000
	农资绿植	2000	4000
家用电器	家用电器	10000	20000
3C数码	电脑、办公	10000	20000
	手机类	10000	20000
	数码	2000	4000
个护化妆	个护清洁	5000	10000
	美妆	5000	10000
图书音像	教育培训	5000	10000
	教育音像	5000	10000
	图书	2000	4000
服务大类	本地生活/旅游出行	5000	10000
汽车	汽车用品	2000	4000

（2）开通直播间带货权限

直播间带货权限的开通有以下步骤："打开西瓜视频App→我→开直播（填上直播间标题选好分类及图片）→商品→开通带货权限"，带货权限开通需满足以下条件：

①公开发布视频≥10条。

②抖音账号粉丝量≥1000。

③进行实名认证。

④交纳作者保证金500元。

以上为西瓜视频平台开通直播带货的硬性条件，缺一不可。满足条件的达人可以按平台提示的"开通商品橱窗→提交带货资质→开通收款账户"步骤进行申请。

第三章

产品选择：
甄选适合直播的服饰爆品

【本章关键问题】

· 服饰产品选品的基本维度有哪些？

· 如何根据粉丝画像来选品？

· 怎样寻找直播间货品来源的渠道？

· 如何进行直播间货品组合及搭配？

· 直播间产品定价的基本方法有哪些？

1. 服饰产品选品的基本维度

做直播电商，除要做好主播、渠道（流量）工作外，还有一项重要工作，就是选品。

产品选得不对，再好的主播、再好的流量都是浪费。看过罗永浩等带货大咖直播的小伙伴都清楚，他们带货的产品种类是非常多的。有些直播带货大咖虽然是卖美妆产品出圈的，但其实他们也会卖零食、家居用品等。像这种大咖本身就积累了大量的粉丝群体，知名度高，无论带什么货，都会有一些粉丝买账。

但这并不意味着所有直播想卖什么就卖什么，而且即使是头部主播，也会出现因选品不当而导致的直播翻车现象，以罗永浩为例，其直播间销售的某品牌520玫瑰礼盒，就因明显的“蔫了”“腐烂”等质量问题而被网友投诉。

对于中小型的直播团队或新手主播，由于不具备足够大的影响力和强大的粉丝基础，也缺乏自建品牌和自建供应链的能力，在服饰产品选品上就需要更加用心和谨慎。

（1）产品维度

从选品的维度，可将服饰产品划分为五类（见表3-1）。

表3-1 服饰产品的分类

类别	释义
视觉产品	视觉类产品，即主要通过视觉观感来吸引消费者，也称视觉价值产品，大多数服饰类产品都是视觉类产品。例如裙子，经过精美图片和主播的亲身试穿的展示，让顾客也可以“幻想”自己是模特，从而大大提升购买欲望。 这类产品重点展示视觉感官，要尽可能做到场景化，因而需要合理运用产品展示场景
实用产品	实用产品主打功能性、实用性，比如一些基础款的服饰。强化场景展示的实用性、经济性，提高顾客的购物欲望
认知产品	认知产品是指给顾客带来认同感的产品，比如创新款产品、全新面料产品。例如，某些运动服饰品牌推出的航天面料服饰。 这类产品要重点展示效果，采用多场景效果验证，以说服顾客相信、认同产品
情感产品	以情感为导向的产品。该类产品以情感为导向，具有情感价值。例如亲子装、情侣装等。 除了在直播间展示，主播还应在自媒体平台进行相关主题（亲子、情侣）的内容展示（视频等）
利基产品	利基产品，是对目的产品的细分类。比较容易理解的是小众类目，具有较低的竞争性。例如胖人服饰、特色服饰、断码服饰等，这类产品转化率较高，但市场用户较少，要找准用户群

了解服饰产品的基本类别之后，要把控好以下选品方向。

第一，选刚需产品。

刚需产品客户群体大、需求量大，拥有较大的市场空间。在很多情况下，消费者对产品的功能性需求大于对款式、尺码、颜色、外观等外在属性的需求。这也意味着，消费者从实际需求出发购买产品而不是从个人偏好出发购买产品时，复购率才较高。刚需产品的潜在消费群体庞大。满足刚性需求的产品，其销量更容易乘风而起。

第二，选当季产品。

服饰产品具有明显的季节性特征。应季性的产品代表着刚需，具体可分为三种。

其一是气候性的产品，比如天气热的时候就卖春夏季产品，天气冷的时候就卖秋冬季产品。

其二是节日性的产品，比如端午、中秋、元旦、春节、开学季等，各有不同的消费需求点。

其三是全时段的产品。也即一年四季都需要的产品，主要以饰品为主。

服饰产品主播要对日期、节气非常敏感。

反季产品的确有市场，但市场较小，不适合多数人直播带货。

第三，选爆款产品。

爆款产品又称为畅销产品、好卖产品，那么究竟什么样的产品才能称得上合格的爆款产品？卖得好的商品就是爆款产品，比如销售量（额）前三的产品，或者单场直播突破100件、周销售1000件、月销售5000件的产品。

根据“二八法则”，20%的产品一般能带来80%的销量。直播团队的甄选目标是尽可能地发掘出畅销的20%的产品。在这个筛选过程中，直播团队的专业程度决定了筛选结果。

第四，选热门产品。

自媒体人经常会去蹭热度，直播带货选品也可以去蹭当下的热度，什么产品火就卖什么，比如流行趋势服饰产品、网红服饰产品等。

（2）利润维度

直播带货产品销量是基础，利润是根本，如果没有足够的利润支撑，直播带货也将难以为继。在当今高流量成本、高运营成本的直播电商市场环境下，进入直播间的产品要有一定的利润空间。通常，主播拿到货后，会在进价基础上加价3倍到4倍，再在直播间挂牌卖出去。比如某款爆款T恤，全网定价是29.9元一件，49.9元两件，出厂价便是在9元左右。

因此，选品时要进行三维分析——不仅卖得好、卖的时间长，还得有利润。

首先，要找出销售数据中卖得好的产品（一维分析）。

其次，要确保它们在未来一段时间内也会持续畅销，所以要考虑库存因素（二维分析）。

最后，产品仅仅销量高还不够，能盈利才是最重要的，所以还要结合利润率来评估产品（三维分析）。

（3）市场维度

产品要想适销对路，必须做好市场调研和消费者研究。

第一，了解用户需求。

选品的第一步是要根据用户需求确定选品的细节。例如，对于服饰类产品，用户偏爱什么风格、什么颜色、什么用途的服饰；对于家居用品，用户希望商品有什么样的基本功能、喜欢什么样的商品造型、对商品包装有什么样的要求等。

第二，进行市场调研。

市场调研的方法有很多，主要有和同行业的人面谈、做群体调研问卷、网络调查等。网络调查，可以去淘宝、京东等电商平台寻找同类产品，浏览价格、成交量、评价等信息，然后进行综合分析、评估。

第三，查看市场数据。

当下，直播团队常用的专业数据平台有“新抖数据”“飞瓜数据”等。直播团队在选品环节，要注意查看的数据是具体商品的“直播转化率”，即了解商品销量和商品关联直播访问量的对比。这个数据能够帮助直播团队判断目标商品的市场需求有多大。

第四，利用工具分析。

利用工具做选品分析能更加便捷，比如飞瓜数据就能统计到：直播带货中哪些产品的销量是最高的、哪些产品在直播的峰值阶段销量是最高的、哪些产品被用户点击的次数是最多的。

我们可以对这些数据做一个统计收集及分析，然后根据数据结果并结合自己的账号定位和粉丝需求来进行选品。

（4）供应维度

选品时还要充分考虑供应链（工厂、批发市场）因素，要确保产品缺货后能够及时补充，出现新款产品后能够及时生产、及时上新。

服饰类产品需要充分考虑产品的上新和更新周期，包括产品款式的更新、换季的产品更新等。

另外，选品要注意品类的更新与升级。任何一款产品都是有生命周期的，尤其是服饰类产品，生命周期一般都很短。在直播间，今天的爆款产品，明天或许就会被市场淘汰；今天发现的新品，明天或许就会被其他直播间跟风销售。对于直播团队来说，爆款产品被淘汰、被跟风销售是无法避免的。因此，直播团队在获得用户支持之后，要及时地进行品类升级。

2. 根据粉丝画像做好产品定位

交互设计之父艾伦·库伯最早提出了一个persona的概念，在他看来，“Personas are a concrete representation of target users”。意思是：persona是真实用户的虚拟代表，是建立在一系列真实数据之上的目标用户模型（见图3-1）。

图 3-1　用户虚拟代表的特性

在自媒体时代，虚拟用户即粉丝代表。粉丝画像又称用户画像，是根据粉丝属性、粉丝习惯、粉丝偏好、粉丝行为等信息而抽象描述出的标签化粉丝模型，利用这些标签将粉丝形象具体化，从而为其提供有针对性的产品和服务。

粉丝画像最初是在电商领域得到应用的，在大数据时代背景下，用户信息充斥在网络中，将用户的每个具体信息抽象成高度概括的标签，可以更好地认识粉丝、了解粉丝、理解粉丝、服务粉丝，也可以进一步进行粉丝营销、变现。

用户画像可以使产品的服务对象更加聚焦，更加精准。我们很难想象，有一种产品，期望覆盖所有的客户：男人女人、老人小孩、专家小白、文青……这样的产品要么是毫无特色，要么是过于简陋，标准极低，因为每一种产品都是为特定的消费群体而服务的，产品的目标群体基数越大，其标准也就越低。

直播带货，选品工作至关重要，粉丝（用户）画像是选品的重要依据。透过粉丝画像找到与之高度契合的商品，要弄明白——

你的产品打算卖给谁？

买你产品的人有什么特点？

你的产品能解决哪些人的痛点？

需要你的产品的人在哪里？

你的目标客户经济实力如何？

你能通过什么方式吸引他们？

通过分析粉丝的画像了解粉丝是什么样的群体，在回答以上问题的同时，还原粉丝的购买需要和消费心理，才能精准地为粉丝提供他们需要的产品。

粉丝群体的性别、年龄段、地域、职业、爱好等因素会直接影响他们对产品品类的偏好，因此掌握粉丝群体的特质，进而确立选品的标准和范围，是不容忽视的重要环节。

各大自媒体平台运营后台基本都有关于粉丝的画像数据。平台不同，粉丝画像也不相同，但是分析的角度大致是相同的，通常可从以下几个方面进行。

（1）性别比例

从性别比例（见图3-2）可知晓自媒体的内容更吸引着哪一类人群。如果男性粉丝居多，那就要多提供男性服饰；如果女性粉丝居多，则要做女装或童装。

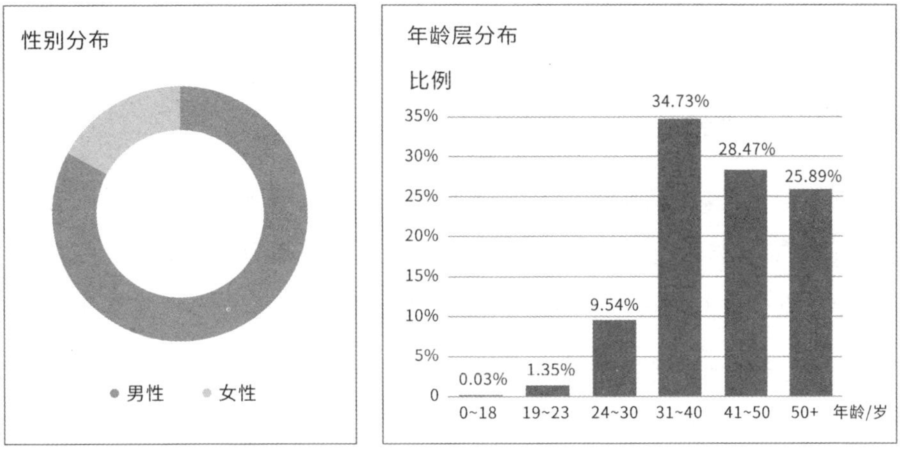

图 3-2　头条号粉丝画像的性别、年龄层分布

（2）年龄层的分布

从年龄层的分布（见图3-2）可看出相应自媒体的内容会比较吸引哪个年龄层的人群。分析该年龄层的人群特征，分析该年龄层的人群对什么样的内容和产品更加感兴趣，然后根据这些情况进行内容布局和带货产品挑选。

（3）地域分布

粉丝的行为有时候带有很强的地域属性，地域属性包括粉丝所在的城市、粉丝所处的社区或是粉丝的一些行进路径等。不同地域的人，往往有着不同的消费习惯。

以服饰行业为例，加绒加厚的保暖卫衣、极寒羽绒服多是出售给北方的粉丝，不加绒的衣裤、外套的受众大多分布在气候温暖的南方地区。

（4）活跃时间

用户的活跃时间对我们发布内容、进行直播带货有着重要的指导作用，通过粉丝集中的活跃时间段来进行内容发布和直播带货，这样才能被更多的粉丝看到。

（5）终端分布

这里说的终端，是指粉丝使用的终端设备，有些平台提供的是粉丝所用终端设备的价格区间数据（见图3-3），有些平台则提供相应的品牌数据，即苹果、华为、OPPO、vivo等终端设备的品牌，通过这些价格和品牌特征，可以判断粉丝的经济实力。

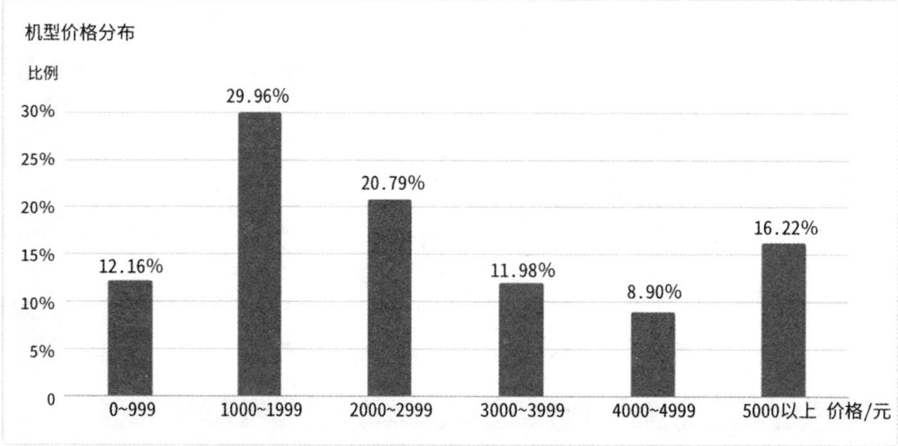

图 3-3　头条号粉丝画像之机型价格分布

举例来说，高端的羊绒大衣，其受众大部分都是追求品质、能够接受较高价格的粉丝。如果粉丝群体大部分是南方人，或者使用的多是低端机，则高端羊绒大衣不宜出现在选品范围内。

（6）行为特征

不同的粉丝有不同的行为路径和行为倾向，如活跃时间、活跃天数、阅读路径、阅读喜好、关注的主播等。

分析以上粉丝画像特征，可以做到“知己知彼，百战不殆”，商家才可以选择更适合自己产品特征的主播来带货，主播也可以根据粉丝画像来选择更适合粉丝的直播产品，提高带货成功率。

3. 直播间货品来源的渠道

对于服饰产品主播而言，流量很重要，稳定而优质的货源同样重要，主播的成长和直播带货的持续成功，需要优质的供应链支持。

直播带货的本质是电商，电商的本质是供应链。好的款式、充足的货源是主播带货成功的必要条件，然而在当前的市场竞争格局中，除各大平台的头部主播和大型MCN机构外，绝大多数的服饰类主播都不具备供应链能力。

主播们需要在选品上花费大量的时间和成本，尤其是女装主播，如果满负荷直播，一天下来可能要更新40余款产品，一个星期下来就是300余款产品。这对于女装主播们的选品能力是一个极大的考验。

因此，不论是做淘宝、京东、拼多多直播，还是做短视频平台直播，找到好的货源才是关键。

（1）代销与自备

适合直播的货品来源渠道可以简单地分为两种：代销、自备。

第一，代销。

代销就是帮别人销售，即主播在直播间售出产品，可获得一定的佣金。比如去淘宝联盟搜索有佣金的宝贝，卖家向你寄样品，双方签好协议，售出即可有佣金，有点儿类似于淘宝客。代销模式的直播带货不用实际进货，但仍然需要寻找货源。

第二，自备。

自备即自己去市场找货源，找到适合自己卖的产品就是好的产品。货源可以分为市场货和品牌货。市场货相对来说门槛较低，竞争力也有限。一般直播方都会去尾货市场寻找品牌折扣产品，不过品牌折扣服装批发的量很大，要占用大量资金。

（2）进货渠道

需要自备货源的主播或店铺，常见的进货渠道有以下几个。

第一，批发平台。

找直播带货货源，可以在各类服装批发平台上面淘，比如青创网鞋服批发平台、衣百万服装批发平台，目前上面的货品包含了来自石狮青创城、泉州幸福街、杭州四季青、广州十三行等市场的货源。

第二，批发市场。

对于自主散货主播和网店、实体店主播而言，服饰进货渠道运用得最多的就是全国各大服装批发市场。例如北方的北京动物园、北京大红门服装批发市场、大连服装批发市场等，南方的广州十三行、白马服装市场、虎门服装批发市场、杭州四季青、上海七浦路等，这些都是全国比较出名的服装批发市场。

去服装批发市场进货，一定要有强大的议价能力和善于洞察市场的眼光。在去批发档口进货之前要把功课做足，比如在网上查找资料，哪些批发档口的货比较好又比较热门，或者可以多问问身边做服饰行业的朋友哪些地方的档口货源比较好。

第三，服饰企业订货会。

如果主播本身开设有实体服饰店或网店，就可以通过参加服饰企业订货会来解决货源问题。

服饰店有三种模式：品牌加盟店、自主散货店、网店。不同形式的服饰店进货渠道和方式也不同。相较于自主散货店和网店，品牌加盟店的进货渠道简单便捷，但也更加单一化，通常是在加盟的品牌企业或者厂家进行拿货和订货。几乎每个品牌每年都会开2～4次的服饰订货会，让加盟商自主选择订货，然后他们提前备好，待产品上市就通过物流发往各个加盟店。

第四，服饰生产厂家。

在服饰生产厂家那里拿货往往是最便宜的，没有中间商，而且货源充足，但是往往只适合走货量大的主播。如果主播的进货量过小，很可能得不到大中型服饰厂的理会。

（3）供应链合作模式

某直播带货达人称：“选品不仅仅是选择服饰款式，更是选择服饰后面的供应链。”

直播带货的供应链大致有：品牌集合、品牌渠道、批发档口、尾货组合和代运营五种模式。

前两种模式一般由品牌方主导，留给小卖家、小主播的机会不多，而代运营模式则要求直播团队有电商基础，而且需要和品牌方或者商家洽谈，负责派出主播、场控、运营、投手（购买流量）。

同批发档口或尾货供应商合作，是不少小卖家、小主播的首选。不过，这两种供应链模式的管理难度较大，很容易出现产品质量和售后问题。

例如，小鱼在一家服饰工作室做带货主播，那是一间夫妻店，位于广州的老旧小区里，左邻右舍都做直播电商生意。

老板负责从批发档口拿样品，老板娘负责选品和运营，直播卖的量不多，就从批发档口拿货，如果卖爆了，老板就会去工厂拿货。

爆款产品更考验供应链的承接能力。尤其是近几年受疫情影响，商家可能会遇到工厂布料短缺、送不了货、临时提价之类的紧急情况，此时商家只能马不停蹄地寻找其他工厂接单。这样，不仅可能延误工期，而且产品质量也难以得到保障。

售后保障的重任也落在了卖家身上。小鱼称：“一般退款退货都由店铺负责，除非货品质量问题太多，老板才会去找工厂。客户投诉，评分下降，会影响店铺推送流量，因此一般情况下，客人反映质量问题，老板都会包邮退回。”

在直播电商平台上，除了像小鱼东家这样靠近批发档口的商家，还有不少小卖家选择无货源发货，直接从1688商城、义乌购之类的平台进货，厂家直发并承担售后，自己无须囤货发货。这听上去一本万利的事，实际上却面临着品控难题，进而会遇到退货问题、售后投诉问题，任其发展下去，很可能会影响主播好不容易树立起来的个人IP形象。

再如，辞去销售工作，一边旅行一边直播带货的小红书博主“小仙女的逃跑日记”尝试开了家自己的抖音小店，专卖饰品。为了选品，她来到“网红直播第一村”义乌北下朱，调研了近一个月。

她表示：“即便1688商城上两张照片上的饰品一模一样，到了线下看时，才知道重量、做工都有细微的差别。这在线上是无法感受到的，只能自己实地考察，寻找靠谱的批发商。”

和批发档口相比，尾货组合的水也很深。物美价廉的品牌尾货一直是直播间销售、涨粉的利器。但品牌尾货容易断码断货，售后难以保障，而且时效性要求很高，需要商家常驻在尾货市场，不断淘货、选品。因此，即便是一些大主播，也只是将品牌尾货当作标签，而不会将其作为主要供应链。

显然，无论同哪一类供应链合作，都需要带货方练就一番火眼金睛，这种能力非一朝一夕之功，只能在不断的探索、试错中提升。

4. 直播间货品组合模式

直播带货经过几年的发展，已经越来越成熟。虽然一场直播、一个爆款就能带来100万元甚至更高GMV（商品交易总额）的销售神话还偶有发生，但对于大部分中小商家和主播而言，爆款已经可遇不可求。

在日趋成熟的市场环境下，如何利用自己掌握的货品资源，做好直播间产品的组合与搭配，追求GMV的科学增长、持续增长，才是普通主播需要深度思考的问题。

（1）引流款产品、爆款产品、利润款产品

从定位划分，直播间产品一般分为引流款产品、爆款产品和利润款产品。

第一，引流款产品。

引流款顾名思义，主要用途是为直播间引流，也常被称为福利款产品或者宠粉款产品。这种产品通常在直播开始前20分钟的热场活动中投放，以及配合直播期间的feed流投放。

引流款产品都具有超高的性价比，常常是以成本价甚至低于成本价销售。

众所周知，直播时间越长，直播间观众的流失比例就越大。当发现直播间实时人数开始下降时，可以增加引流款的投放比例，并搭配增加抽奖等玩法来提升直播间的趣味性，提高用户的停留时长，增加直播间的人气。比如在某主播的直播间中，在直播进行3小时后，直播间上架了一款19.9元的衣物养护剂，不但获得5.2万元的单品销量，也吸引了一波流量。

第二，爆款产品。

爆款产品也被称为跑量款产品，主要是为直播间冲业绩。爆款产品作为

直播间的主打款产品，讲解频次较高或讲解时长较长。同时，这些产品的价格要比引流款产品高，但能被大部分受众所接受。

爆款产品中有一种类型是话题款产品，通常是是指品牌产品、联名产品，或是话题性的爆款产品、新品、明星同款等，能够让直播间的粉丝产生兴趣，同时也利于主播宣传。

爆款产品同引流款产品一样，也能有效增加直播间人气。

第三，利润款产品。

获得利润是直播带货的最终目的。在直播间的产品组合中，利润款产品不可或缺。利润款产品一般品质较高，或者在产品卖点上有自己的独特之处，且用户对这类产品的价格敏感度不高。

借助引流款产品让直播间的人气达到一定程度之后，就可以适时上利润款产品，因为在直播间氛围良好、人气高的时候切入，趁热打铁，更容易实现成交转化。

通常，应当在直播间流量较高时推出爆款产品或利润款产品，能保证产品被更多的观众看到。同时，主播可以适当拉长产品的讲解时间，反复强调产品的价格或活动，增加产品的转化率。

（2）直播间货品组合模式

常见的直播间货品组合模式有以下几种。

第一，单一款模式。

即货品类别全部为同一品类产品，SKU数量为1～5款，其中有1～2款主打产品，可通过组合形成多个SKU，这样的组货模式备货成本低，货品管理简单，操作门槛较低，有利于打造爆款产品，提高整体GMV。其缺点在于受众过于单一，转化成本较高，通常对广告流量依赖度高。

例如：某线下服装批发档口只有3款产品，分别是派克服、羽绒马甲、羽绒服，在10—11月，于快手平台直播36场，总带货GMV达833.6万元，其中单一爆款派克服SKU销售额占总销售的56%。

第二，垂直品类模式。

即货品类别全部为同一品类产品或相关产品，垂直品类直播间SKU数量一般都在30款以上，且定期更新。

直播时，可将产品进一步细分为利润款、引流款、秒杀款、福利款等，并按一定比例进行组合，产品上架顺序按“引流款—秒杀款—利润款—福利款—引流款”等顺序进行循环，上架产品的价位可按照“低—中—高—中—低—中—高”进行循环。

垂直品类的组货方式品类比较集中，有利于吸引同一类人群从而提高转化率，在直播时有较大的爆发潜力。

例如，某女装品牌商家，在2021年11—12月通过组合搭配自有品牌产品，直播45场，带货金额超过5000万元。商家每场直播的组货产品可以大致分为GMV款、利润款、引流款、尝试款、秒杀款、福利款、搭配款，并按一定比例进行组合、上架。

第三，多品类模式。

产品品类一般在5个或以上，服饰类最常见，SKU数量常见为30～80款产品。可根据不同价位来选择货品，商家在做直播带货时，同时结合多品类的组合来达到GMV爆发和单量爆发的目标。

该模式覆盖品类多，受众范围也相对更广，引流操作简单，粉丝通常在直播间停留时间较长，适合明星和达人型、供应链型商家、主播。

例如，某明星于2022年8月在抖音平台直播3场，直播带货GMV超过2亿元，共带货348款产品，场均SKU数量116款，超过10个大品类，其中SKU数量占比较大的有服饰内衣、母婴、美妆、家居日用、户外用品、个人护理。在价位上，主要以百元类产品数量居多，占比34%，1000元以上产品（全部为GMV产品）次之，占比19%，100～400元类的爆款产品合计占比29%。价位具有层次性，结合多品类的组合，既有利于GMV爆发，同时也有利于达成单量爆发。

第四，品牌专场模式。

品牌专场模式即产品同属于某一品牌，品牌专场SKU数量通常为20～50款，商家在做直播带货时可选择低客单价的商品，同时搭配部分高客单价的商品来满足少数粉丝的需求，另外还要设立价格劲爆的福利款、引流款，以提高直播间的人气和转化率。

品牌专场的优势在于，品牌官方提供了正品背书，有助于成交转化，同时作为专场合作可以拿到更大优惠，利于直播间转化。其缺点在于，单一品牌组货难度较大，品牌专场直播数据一般都不及日常直播。

品牌专场适合明星、网红、达人型主播。例如，抖音某直播达人与某女装品牌合作直播带货，基于该达人的粉丝在下沉市场的占比较高，故团队选择了低客单的产品进行直播，以100～200元的服装为主，打造直播间爆款，同时搭配200～1000元的中高客单价的产品来满足少量粉丝的购物需求，另外用少量几款39.9元的福利产品作为宠粉款，最终该场直播GMV超过110万元。

5. 直播间产品定价的基本方法

在直播间，价格是影响成交的一个重要因素，用户购买决策时间同商品价格成正比，通常，商品的价格越低，用户的购买决策过程越短，越容易触发冲动型消费。正因如此，在很多直播间包括大牌主播的直播间，很多商品的价格都在100元以下。

从消费者的视角看，大家进入直播间买东西其实也是想得到足够的实惠，因此，我们经常听到一些主播抱怨直播间的产品价格已经很低了，已经给出了足够多的优惠，但是粉丝们还是觉得不够低，还想让商家进一步让利。难道还要继续降价吗？

答案是未必，直播带货不仅是价格战，更是心理战，不是一味靠低价就能成功的，而应充分把控粉丝心理，进行合理的产品定价。

产品定价的方法非常多，常用于直播间产品定价的方式主要有以下几种。

（1）锚点定价法

价格锚点，即商品价格的对比标杆。

在消费者眼中，商品的价值都是相对的，某件商品究竟值不值那么多钱，其定价是否实惠，都需要一个可供参照的标准，价格锚点是商品设定的参照标准。

1992年，托奥斯基提出了价格锚点的概念。他认为消费者在对产品价格不确定的时候，会采取两种非常重要的原则来判断这个商品的价格是否合适。

第一，避免极端。

在有3个或者更多商品选择的时候，很多消费者不会选择价格最低或者最高的商品而更倾向于选择中间价格的那个商品。因为对于最便宜的商品，用户会担心其质量不好或性能不高，而对于最贵的商品，用户会觉得其缺乏性价比，担心购买后会“吃亏”。

第二，权衡对比。

当消费者无从判断商品价值是高还是低的时候，会去选择一些他认为同类的商品去做对比，让自己有一个衡量的标准。

行为定价理论领域有一个经典案例：

在一个出售洗碗机的商店里，499美元的洗碗机一直销量平平，少有人问津，后来商店新增了一款功能更齐全的大型洗碗机，售价899美元。

结果，售价昂贵的大型洗碗机严重滞销，根本没有人购买。但神奇的是，新产品的到来，竟然无形中带动了售价为499美元洗碗机的销售，短期内，老款产品的销售额竟然翻了好几番。

原来，仅有499美元的洗碗机时，也有些意向顾客想要购买，但是这个价格让他们望而却步。准确地说，并不是价格太高或是太低，而是缺乏对比，顾客心目中对这种商品的定位没有一个明确的概念，因此犹豫不决，不愿意购买。

而新增的高售价商品让顾客有了对比，而且原来的商品价格看上去显得相当低廉，于是顾客争相购买低价产品。

增加一个更高价格的商品，尽管几乎无人光顾，却提高了顾客对价格的耐受点。

直播间商品定价也是如此，对于主打款商品，可以为其设定两个锚点，增加两款“陪跑”商品，一个定低价，另一个定高价，使主打商品价格居中。

锚点还可以是竞争对手的价格，比如在某头部主播的直播间，他们不仅会报出商品的原价，还会报出同款商品在“双11”“6·18”电商大促时的价格，然后再对比给出直播间的售价，凸显优惠力度，从而使大家相信，主播主推的商品不仅是正品，而且确实是可遇不可求的“内部价”。

（2）尾数定价法

尾数定价法又称非整数定价法，即直播团队设定的商品价格以9或8结尾，比如199元、299元、198元、39.9元、49.9元，而不是以0结尾，比如100元、200元、50元等。

有实验证明，对于以9为结尾的价格与以0为结尾的价格（例如9.9元和10元），同样上涨10%，人们对于9.9元涨价的感受更低，感觉不到涨了多少。同理，在降价的时候，降到以9为结尾的价格，也会带给人降价更多的感觉。实际上，这是商业社会中常用的非整数定价法。

利用尾数定价法可以对消费者产生某些特殊的心理暗示。

首先是感觉便宜。

标价99.99元的商品和100元的商品，虽相差不足0.1元，但前者给购买者的感觉是还不到100元，后者却使人认为是100多元，因此前者给消费者一种价格更便宜的感觉，使之易于接受。

其次是精确。

带有尾数的定价可以使消费者认为商品定价是非常认真、精确的，连几角几分都算得清清楚楚，进而产生一种信任感。

最后有图吉利的意思在里面。

某些数字常被赋予一些独特的含义，如我国商品价格常以6、8、9结尾，却鲜以“4”结尾。以这些带有特殊含义的数字结尾，迎合了消费者图吉利的心理，更能促进商品销售。

正因如此，直播间的商品都喜欢定价9.9元、19.9元、99元，这是因为以9结尾的价格的商品会比10元、20元、100元等的商品更好卖。

因为，100元这个价格会被大家归纳到“上百块钱”里，而99元的商品只会归纳到“几十块钱”里。另外，19.9元的开头是1，而20元的开头是2，开头数字越小，越容易引起消费者的注意。

（3）要素对比定价法

同样的商品比价格，同样的价格比质量。“好贵，好贵，商品好才贵”，对于价格高的直播商品，要设法给用户提供一个直观的要素对比表，使用户明白商品贵在何处，明明白白消费，心甘情愿下单。

例如，对于手机、电脑、家用电器、汽车产品，可以直观提供硬件配置对比表，说明价值所在。同样，对于进入直播间的服饰类产品，直播团队可以提供产品面料对比、工艺对比、设计理念对比、品牌价值对比等来说明高价商品的价值所在。当用户直观地看到商品细节差异时，才会倾向于购买“更好、更贵”的那款商品。

（4）将错就错法

有些主播非常实在，一开始就直接将产品的最终售价打在直播间，没有降价的幅度，也没有更多优惠，最终只能让粉丝扫兴，失望而归。因此，主播要适当地耍一些“花招”，学会“制造”超出粉丝预期的场景，让粉丝感到惊喜，这样才能刺激粉丝消费。

例如，一位主播秒杀一款针织衫，预热播了5分钟，一直说的价格都是69元。助理上链接之后，下单的观众突然评论“怎么才59元”。主播惊讶道：“真的吗？算了，这是我们的错，就不再改了，大家赶紧去拍，商家价格设置错了，我给你们打掩护。”于是，该产品瞬间被秒300单。

但究竟是真的将价格标错了还是故意标错，只有天知道。但不可否认，这种将错就错的销售效果极佳。

（5）成本加成定价法

直播间常见的两种基于成本的定价法如下：

①直播间售价=产品成本x（160%～200%）+优惠金额。

这种定价模式适合流量稳定、带货成绩稳定的成熟主播。

②直播间售价=成本+利润+佣金+优惠金额。

这种定价模式适合新人主播、突破期的主播，利润一般在30%～50%。

第四章

主播定位：因地制宜选择合适的主播

【本章关键问题】

· 常见的服饰主播类型有哪些？

· 各类主播的优缺点分别是什么？

· 主播带货的常见合作模式有哪些？

· 如何寻找达人主播进行带货合作？

1. 明星主播：商业价值和人气的直播间变现

所谓明星主播，是指在直播带货行业出现之前，他们已经是明星了。明星主播主要包括演员、歌手、主持人等。

2020年不仅是中国直播带货元年，也是明星直播带货元年。这一年，很多明星、主持人纷纷试水直播带货。其中，有的明星一场直播带货交易总额就超过1亿元。

2020年，中国演艺界一大半的明星都走进了直播间，而在“6·18”电商年中大促活动中，淘宝直播间总计邀请了300多位明星参与直播，而京东平台则与哔哩哔哩、快手等直播平台合作推出“明星直播课程表”，活动期间推出了超过30万场次的有明星参与的带货直播。

当前，很多明星已经把直播带货视为日常工作的一部分，明星直播带货发展已步入常态化。

为什么有如此多的明星参与到直播带货中去?

首先，人们对网红的观念正在逐渐转变，尤其是随着网红具备越来越强的引流能力和带货能力，很多明星不再认为做直播是“自降身份”。

其次，近几年国内影视娱乐行业总体低迷，明星们也需要寻找一个新的曝光窗口和变现窗口来缓解人气危机和收入危机。

最后，各大网络平台积极推进和极力邀请明星参与直播带货，是因为国内电商平台和短视频平台都有各自的直播版图规划，其版图的实现需要借力各领域明星。因此，大量明星同网络平台一拍即合，纷纷加入各大平台的直播阵营。

明星主播也确实受到了网民尤其是粉丝的欢迎，且不说买不买东西，很多人都只是单纯喜欢直播间的氛围，偶尔还有明星做客，又可以把直播当综艺节目看，可谓一举两得。

在直播带货风口之下，明星们迎来新机遇。然而，与此同时，明星参与直播带货也并非一播就灵。不同明星带货效果差别巨大，对明星主播一定要辩证地看待，选用时要慎之又慎。

（1）明星主播带货的优势

在《淘宝直播2021年度报告》中，将主播身份划分为6类，明星、主持人位列其中，标注优势为："有一定知名度，流量资源丰富，品牌认可度高。"

对于平台来说，明星的带货能力比普通KOL、KOC强很多，镜头表演能力也高于普通人，这对内容生态有正面的影响。

同时，相比于扶持普通人，扶持明星主播是快速筛选出头部主播的重要方式，对于平台来说有长期价值。

因为，与素人主播相比，明星主播自带粉丝和流量，可以更快地跳过培养信任感和认同感的过程，迅速拉近与消费者之间的距离。

某著名财经作家曾经这样描述明星直播的业态：明星做直播，是两个脉冲的叠加。

第一个脉冲是直播电商所带来的瞬间直播场观流量，这是直播电商自身的属性，第二个是明星自身的流量。所以，明星做直播和其他人做直播所产生的瞬间场观人数完全不在一个等量级，它是两大脉冲聚合的结果。

因此，明星直播带货有着天然的优势。事实上，明星的直播带货能力也确实不容小觑。根据飞瓜数据，在2021年10月抖音带货主播榜上，TOP20里有4位明星主播，其中，某明星开播6场，销售额4.12亿元，位列第二，另一位明星开播23场，销售额达2.9亿元，位列第四。在2021年淘宝直播"双11"预售榜上，有2位明星跻身TOP10。在快手平台，2021年"11.6"期间，数十位明星接连开启直播模式，其中一位明星直播带货首秀GMV即达2.3亿元，创下明星直播带货单场GMV的最高纪录。

（2）明星主播带货的风险

在直播行业野蛮生长的过程中，明星参与直播带货时也暴露了种种问题，其中，有带货量低、坑位费高、以次充好、名不副实等问题。

经过同明星的合作与直播带货实践，品牌商们也渐渐发现，明星直播带货不如想象中美好。某品牌负责人就对记者说："2020年底，我们公司找明星直播带货，一场直播下来，卖的商品数量不超过5件，有的场次甚至一件货也卖不出去，算上坑位费，场场都赔钱。"

这种情况并非个例，某演员在一场品牌直播活动中收取了商家10万元的坑位费，但最终仅卖出了5个保温杯。不过，后来该明星团队就此进行了反驳。

2021年底，有商家花费51万元和直播推广公司签约，后者承诺安排某明星和网红一起为该商家带货，最终3场直播下来，总销售额仅仅有5000元，商家怒而将对方告上法庭，法院判决直播推广公司向商家返还41万元服务费。

显然，并不是所有的明星都适合直播带货，其未必都能给商家和品牌方带来可观的销量。对于明星主播带货的风险，我们务必要有一个清醒的认识。

（3）如何选择明星主播

明星究竟能不能带动货？答案当然是肯定的，前提是要选对人，做好直播策划。

面朝科技CEO胡东发现，明星在抖音平台上直播的"翻车"现象较少，因为抖音在联合明星做直播时，对品牌/产品的选择、直播内容/形式的策划、用户需求/偏好的洞察等都有严格的标准和要求。在深入分析之后，胡东认为，明星直播带货实则有一个公式可循，遵循该公式，往往能够大大提升明星直播带货的成功率。这一明星带货公式为：

成功的明星直播带货=契合的选品×有趣的直播内容×精准的用户洞察。

其中：

契合的选品指的是直播间商品背后的供应链。

有趣的直播内容指明星在直播时的合理人设。

精准的用户洞察既指精准的用户流量获取，也包含深度的用户运营。

当同时满足以上3个要素时，明星主播才能在直播间爆发出惊人的乘数效应，而只要其中任何一个要素出现短板，就会对直播带货造成巨大的影响。

另外，考察明星可从以下几个方面进行。

第一，考察明星过往的带货成绩。

选择明星带货，要看其过往带货成绩。能够稳定开播的明星主播具备更高的专业性。通过过往成绩，商家也能了解其大致的转化率。一位业内人士表示：“基本上不存在播了很多次，突然翻车的情况。”

淘宝直播负责人玄德曾说：“明星能否做好直播，要看背后是否有足够专业的团队，要看他的第100场直播是否成功。”

事实上，有过多次成功经验的明星主播翻车的风险确实会大大降低，就连此前直播翻过车的黄姓明星，经过两年的经验积累，也已经可以实现1.28亿元的单场GMV。户外直播时，该黄姓明星夫妻二人更是把牛拉进直播间，花样繁多，重构了“人、货、场”三要素，证明了自己的带货能力。

第二，考察明星所属机构。

据媒体报道，有80%的明星已经签约了专业的MCN机构。明星能否做好直播，在很大程度上取决于其所属的机构以及背后的团队。

从明星的角度看，爱惜羽翼的明星也会重点考察MCN机构，不会轻易做直播尝试。某MCN负责人表示：“明星会看你这个机构之前给谁做过，效果怎么样，商品怎么样，考虑的因素很多，跟以前不一样。”

目前开播的明星主播，大多数都有长期稳定合作的MCN机构，而表现出挑的明星主播，背后也有头部MCN机构加持。

某业内人士表示，当前商家找明星主播合作，也会看背后签约的MCN机构，如果明星只签约很小的机构，需要谨慎，因为“很可能就是骗一个就跑”。

明星和MCN机构要互相选择与互相成就，才能将价值发挥到最大。

第三，明星+网红的直播模式。

直播电商进入下半场，明星和网红之间的界限逐渐消失，一个明显的发展趋势是明星和网红联手直播带货的情况越来越多。

例如：某明星和2022年大火的一个网红一起在直播间带货。据媒体报道，该网红花了500万元才请来某明星助阵。但在直播的过程中，几乎都是该网红在讲解产品卖点，某明星几乎沦为背景板。

明星+网红模式可以充分发挥二者优势，实现互补，明星带来流量，吸引眼球，网红负责叫卖，可以弥补某些不善表达明星的不足。

因此，如果明星本人并没有出众的表达能力，可能所带来的成交成果还不如网红。相对而言，明星+网红模式的效果可能会更好，角色定位被确定下来，联想的维持度就还在。有不少成功的案例，这些明星 + 网红模式的合作直播带货皆取得了不错的成绩，而且其中还会不断引爆话题热度，通常也都是比较积极的受众反馈。

第四，分析明星的粉丝画像。

结合明星的粉丝画像进行直播定位，才能收到更好的效果。

例如，一位和快手合作的MCN机构负责人提到，平台推荐给他的艺人，此前在一家直播电商平台带货成绩不理想，他经过分析发现，其实当时是组品存在问题，用了太多客单价低的食品，“卖29块9的东西，卖一万单才有29万元产出”。

后来，他们分析了艺人的粉丝画像，发现该艺人女粉丝多、年龄在25岁到40岁，由此判断出客单价可控制在100元左右，所以特地多安排了爆品，而直播时，爆品也确实占据了整场销售额的60%，最终让艺人带货成绩翻倍，艺人本人也对直播带货信心大增。

2. 网红主播：带货能力丝毫不亚于明星主播

网红即“网络红人”，走红于网络的人。网红的产生不是自发的，而是在网络媒介环境下，网络推手、传统媒体以及受众心理需求等利益共同体综合作用下的结果。

网络红人可分为三代：文字时代的网络红人、图文时代的网络红人、宽频时代的网络红人。

在直播电商的风口下，网红正在积极向网红主播的方向转型，直播带货也是网红最佳的变现窗口。

网红主播的带货能力丝毫不亚于明星，一场直播带货到底能赚多少钱？一位拥有近千万粉丝的抖音网红主播的回答是：单日带货2.3亿元，净利润300万元。

图 4-1　彩虹夫妇抖音主页

2022年8月3日，抖音网红主播彩虹夫妇发布了一条视频，回应了网友对其直播带货收入的好奇。她表示，上一场直播总共卖了2.3亿元（交易额）。其中，福利、福袋、投流等成本花了1000万元左右，捐款花了近100万元，最后算下来，一天纯赚300多万元，“确实比较多”。

抖音资料页面显示，彩虹夫妇在

抖音拥有946万粉丝（见图4-1），自我介绍是三胎妈妈、平民夫妻，孙彩虹、郭斌二人曾从保险业务员做到高级销售经理，自称并未签约任何MCN。

彩虹夫妇最早一条视频发布于2020年2月，其间，其曾多次对外提及收入水平，并在视频中自曝“2020年赚下1000多万元”“全款买下一套超过4000万元的房子”。

彩虹夫妇算得上是头部网红主播，但并不是最顶尖的网红主播，位于金字塔顶的超级网红主播的带货能力更加惊人。

网红主播高额收入的背后不可忽视的是依法纳税。如果主播以个人名义带货，根据现行《中华人民共和国个人所得税法》的规定，主播获得收入之后，按照工资薪金所得和劳务报酬所得计算，适用3%～45%超额累进税率，其中，全年应纳税所得额超过96万元的部分，适用45%的税率。

如果网红主播成立个人独资企业，无须缴纳25%的企业所得税，个人取得经营所得则适用5%～35%超额累进税率。

如果不依法纳税，将受到法律的制裁。曾经的淘宝乃至全网直播带货第一人薇娅，就因偷逃税款6.43亿元、其他少缴税款0.6亿元而被官方追缴税款并处以罚款，共计13.41亿元。

直播“一姐”以这样的方式结束了自己的带货生涯，令人惋惜，也给不少主播敲响了警钟，在直播带货的同时，务必要遵纪守法，依法纳税。

网红主播的变现模式多种多样，除了直播带货，还包括视频广告植入、品牌代言、线下商务活动等。

网红主播生态圈也适用“二八法则”，即直播带货业绩好、收入高的永远是20%左右的头部网红主播，而其余的网红主播则大多带货能力一般。而且，网红主播带货能力并不是由粉丝量所决定的，拥有百万粉丝的主播，其带货能力未必强，而只有数千粉丝的主播，其卖货能力却可能很强。但是，头部主播的报价往往非常高昂，例如，某头部主播的直播报价为：

抖音原创视频发布价格约164万元/条。

全网平台合作打包价约300万元/次。

直播带货佣金100万元+国产品牌40%/国际品牌30%。

因此，商家在选择网红主播时，要在性价比上找到一个平衡点，务必擦亮眼睛，多维度考察，谨慎选用。

第一，看主播定位。

网红主播也有分类，有才艺主播、搞笑主播、情感主播、电商主播、三农主播、美食主播、旅游主播等。选择主播时，要考虑其定位和自身产品的契合度，比如那些颜值高、跳舞唱歌的女主播，吸引的通常都是男性粉丝，如果让她们带货女性用品、女装，大概率效果不佳。而诸多搞笑主播，或许对品牌曝光有帮助，但真要做销售，预计效果也不会太好。

第二，看主播是否专业。

主播的专业能力表现在具备相应的营销推广能力和促销带货能力。有很多主播，日常直播时讲段子、逗笑粉丝、喊麦等都能游刃有余，而一旦让他们直播带货，让他们去讲解具体的产品，却讲不出什么效果来，其带货能力当然值得怀疑。

一个真正专业的带货主播，不仅要善于学习关于产品的各项专业知识，熟练掌握各项性能指标和使用方法、注意事项，还要懂得销售技巧、推销话术和消费心理，否则，很难让消费者在直播间掏钱消费。

第三，看是否存在数据造假。

网络主播为了获得更高的对外合作报价和知名度而进行数据造假的不在少数，他们数据造假的手段主要是刷粉丝量、评论量、转发量、点赞量、浏览量、观看人数，而网上也有很多提供直播数据造假的服务商，不仅可以提升直播间“转赞评”等各项数据，还可以“代开直播间、推短视频上热门、改销量、处理中差评、升等级”，收费从几元至上万元不等，同时还能够帮助在直播间显示“某某进入直播间”“某某关注了主播”“某某正去购买”等提示，让直播间看上去很火爆，实现全流程造假。

进行粉丝、人气造假的网红不在少数，问题是他们的实际带货能力并不高，最终只会坑了商家。

因此，商家对于挑选主播要学会透过现象看本质，要学会从主播既往带货商品的品牌、销售数据、评价、主播口碑、网络负面文章等信息做出综合判断。

第四，进入直播间实地观察。

商家如果想找某个主播直播带货，最好自己先去其直播间观察了解一段时间。所谓实践出真知，经过多番实地观看、考察、对比，总能发现一些真真假假的东西，那些通过造假手段呈现出来的现象总归会留下一些马脚，只要细心观察，就可以发现端倪。

3. 达人主播：打造真正专业的服饰意见领袖

达人，在网络中特指在某一领域非常专业、出类拔萃的人物，指在某方面很精通的人，即某方面的高手、专业人士。也指活跃用户，上线时长和内容更新频率很高的网民。

比如，我们常常听到旅游达人、恋爱达人、管理达人、数字达人、英语达人、美妆达人、穿搭达人等，这些“达人”就是指其在某方面很厉害的意思。在中文字典里，“达人”是指经过长年的锻炼，积累了丰富的经验，而得到某个领域真谛的人。

服饰领域的达人主播多是服装、穿搭方面的达人，他们拥有自己的自媒体账号，定期输出优质垂直内容，吸引了一批粉丝。在粉丝的眼里，他们是专业的，有很大的影响力。

达人主播最早源于淘宝达人主播，因为开通淘宝直播必须具备商家的身份。一方面，达人不具备商家身份；另一方面，商家也不具备直播经验。于是，二者为了达成共同的直播带货目的，不谋而合，商家便邀请垂直领域的达人进入直播间，帮助带货，而达人也能够通过佣金、坑位费等方式变现，实现了双赢。

（1）达人直播与店铺直播

同达人主播相对应的，则是店铺直播，即店铺不借助外援，使用内部主播进行直播带货，二者的区别如下。

第一，达人直播。

从严格意义上讲，达人主播本身就是网红的一类，从属于网红主播，只不过达人主播所在领域更垂直、更专业。当然，在某些情形下，很难将二者予以严格区分。举例来说，某服饰品牌商家邀请了一名并非服饰领域的网红来直播间助阵，此网红也可以被认为是达人主播。

达人主播有一定的粉丝基础，但没有自己的品牌，也没有供应链，靠跟各种品牌方合作来卖货，这也是直播电商最开始的一种形态。

达人主播里面也有分类，一部分是素人达人，还有一部分是明星达人。

达人直播间的粉丝主要是靠达人的知名度、人气、魅力吸引进来的，容易被主播的话术和个人魅力打动，从而激发出消费欲望。

进入达人直播间的粉丝，大多是冲着达人的影响力而去，直播间所销售的商品和品牌倒在其次。

第二，店铺直播。

店铺直播的主播基本上都是素人，集中培训或自行学习一段时间之后，就摸索着上岗了，只要具备主播的某些潜质，有时候店主自己乃至店内员工就能当主播。

店铺直播的主播更像销售员，直播间粉丝看重的往往不是主播本人，而是其背后的店铺、品牌、货品，人的因素相对弱化。

因此，店铺直播即使更换主播，对消费者来说影响也不大，不像达人主播，直播带货时对主播本人的依赖度非常高。

店铺直播的用户更多是被品牌效应、广告宣传、优惠活动等吸引进直播间，主要看的是商品的质量、优惠力度和性价比。而且来店铺直播间的用户大多数本身就有购物需求，只要商品和价格合适，就会下单购买。

（2）达人直播与店铺直播如何选择

达人直播主要是靠达人（早期主要是淘宝达人，现在各个电商平台、短视频平台上都有自己的达人主播）的知名度、人气、魅力吸引粉丝。

淘宝达人直播带货主要是靠达人们的销售、带货能力，粉丝们在看直播的过程中，更多的是抱着休闲、娱乐的心态。

达人直播带货灵活性高，可以选择与多个商家合作，添加多个商品，品种丰富，更新迭代速度快。

店铺直播带货主要是靠品牌效应、广告宣传、优惠活动等吸引人气。进入店铺直播间的顾客，大多数本身就有购物需求，只要商品合适，转化率通常要高于达人直播。

店铺直播因为没有坑位费、佣金的负担，所以直播内容可以更加多元，节奏也不像达人直播那么紧张，可以热热闹闹搞促销，也可以安安静静仔细讲解单个产品，还可以耐心回答用户的问题。

达人直播和店铺直播其实并无好坏之分，只有合适与否。

（3）达人直播和店铺直播如何定位

达人直播，通常适合实力强大的厂家或品牌商家。

不过，即使是实力强大的商家，现在也会更多地选择“两条腿走路”，即店铺直播+达人主播相结合的直播模式。

FILA天猫旗舰店的直播负责人Alice就表示：“店铺会更重视日常的店播，在重要的营销节点，打新品、爆款才会专门请流量达人进行合作。”FILA日常店播的配置是8名主播，日常有近10小时的直播。一般采用的是“双主播”，要求主播既要有一定的颜值，又要讲解逻辑清晰，互动能力强。更重要的是，主播要了解商品和品牌背后的故事，在直播话术上也要帮助粉丝顺畅下单。

实力相对较弱的中小商家，则比较适合店播模式。

因为中小商家最先考虑的是成本，而顶流的达人主播价格太高，中小商家请不起。有一定名气和流量的达人主播一般都要收取坑位费或者“一口价”。如某淘宝商家曾经通过机构介绍请某腰部主播带货，但对方没有对销售额和销售数量做出承诺，短短几分钟直播十万元就打了水漂。

据了解，顶流主播的佣金扣点约为20%，这还不算货品上架的坑位费，也不排除小机构和中间人从中扣取的费用。

某商家就曾指出：“通过MCN机构要付出15%～30%的佣金，这部分佣金最终也是羊毛出在羊身上。”

更多中小商家选择店播模式，相比达人主播，店铺更了解自己的产品，可以根据产品特点做直播排期。

与达人主播相比，店铺直播的优势体现在，主播往往是商家自身员工，对于商品的专业性和认知以及对消费者的心智共情上是达人主播们无法比拟的。此外，由于主播是员工，与店铺是雇佣关系，从成本上要远比请达人主播划算，员工在管理上也更为灵活和有效。尤其重要的一点是通过店铺直播，粉丝是留存在商家自身的直播间，甚至可以从公域转化为私域，从而更好地精细化服务消费者粉丝，商家可以有策略性地构建一个持续不断的复利场，这并非达人主播直播“一锤子式”买卖可比的。

（4）如何找达人主播

对于需要达人主播合作带货的商家，寻找达人的途径主要有以下几种。

第一，人工筛选。

人工筛选即在各大自媒体平台搜索商家所在垂直类目的主播，逐一安排商务对接。通过人力筛选达人主播，效率低、精准度也不高，但如果肯下苦功夫，总能找到匹配的主播。

第二，找MCN机构。

MCN机构是培养和输出网红和达人主播的重要来源，相较于人工筛选，与MCN机构合作可以更高效地匹配到主播。不过MCN机构会收取一定比例的佣金，成本相对较高。

第三，通过抖音电商的精选联盟巨量百应、商家后台。

除了人工筛选和MCN机构，还可以借助抖音、快手等平台官方的力量。比如，主播可以通过精选联盟触达商家，商家可以通过后台来做定向招募，服务商则可以通过巨量百应来和机构建立联系。其优势在于可以实现精确推荐，帮助商家做高效且精准的投放。

4. 老总主播：自带流量光环，提升销售收入

“兄弟们，开播两个小时不到就卖出了178万（元），等到下午2点20分一起冲击200万（元）好不好？”

“好！”

2021年11月9日中午12点，波特邦威直播间正式拉开“双11”活动专场的序幕，波特邦威董事长陈锦康亲自上场做主播，同直播间其他主播以及助播、场控、选品员、后台运营人员等数十人紧张地忙碌着。

直播间对面的办公室里堆满了各种各样的零食和水果，供大家随时轮流出来补充能量，因为这场直播时间长达12小时。

当陈锦康疲惫地走出直播间时，已是第二天凌晨，不过身体的疲倦难掩其内心的兴奋，陈锦康称：“本来想着卖个500万元就好了，结果卖了720万元。”

2021年初，以男装代工生产为主要业务的波特邦威开始推出自己的品牌和服装产品，并成立新媒体部门进军直播领域，而且老板亲自站台直播间，参与直播带货。

2021年是抖音店播元年，平台崛起了一批品牌自播账号，包括李宁、小米等大品牌，参与自播的不仅有品牌方自己培养的主播，更有不少企业老板亲自参与直播带货。

服饰行业老板如何做好直播带货？霞湖世家的经验很有借鉴意义。

飞瓜数据显示，2021年前三个月，霞湖世家抖音直播销售额超过了5600万元。

“霞湖世家官方旗舰店”抖音账号已经拥有339.6万粉丝（截至2022年10月19日），该账号管理人就是霞湖世家的老板郭长棋（见图4-2），他还

在抖音电商生态大会中作为嘉宾上台分享了经验。

服饰企业霞湖世家过去20年里一直从事线下服装批发生意，也是七匹狼、柒牌男装、海澜之家等大牌男装的生产代工厂。

2020年5月，霞湖世家在抖音开通了账号，持续更新短视频。

作为蓝V企业号，视频里没有过多地展示企业服装，而是结合老板郭长棋的人设定制内容——

这是一个白手起家的老板形象，他会在镜头前分享人生观、生意经验和家庭生活，还拍了关心员工、工厂生活的视频，这类接地气的内容使得视频点赞数激增。

图 4-2 霞湖世家抖音账号主页

积累了粉丝基础后，2020年10月，霞湖世家也顺应直播电商大势，开始入局直播带货，数据表现也非常好。

目前，霞湖世家的直播频率非常高，直播时长也很长，数小时是常态，有一些直播甚至高达15小时。

霞湖世家的带货数据也越来越亮眼，尤其是在2021年3月，该账号一共直播了40场，直播销售额为3008万元。

从货品上看，霞湖世家直播间主营自家工厂生产的衣服，单价大多在100元以内，卖得最好的爆款是一件春夏男牛仔裤，单价59元，售出4.8万单。

尝到了甜头的郭长棋，如今已成了霞湖世家直播间的常驻主播。

经过十几年电商的洗礼，以及数年直播带货的影响，网上销售、直播带货已经深入很多服装厂、服装品牌老板的心，很多服饰行业老板也开始走上前台，走进直播间做起了“网红”，争夺线上市场。

可以预见，老板直播带货将成为一种企业常规化的销售模式。

老板参与直播带货不仅仅是一场公关秀、一场营销，更是疫情之下整个经济的缩影。

因为在疫情的冲击下，不少公司的面向C端和B端的线下收入几乎为零，岌岌可危。对于企业来说，直播作为一种零成本的营销方式，能够将因疫情而封闭的销路打开。因此，无论是一线大牌还是中小品牌，都把直播带货当作自救武器。

除了直截了当地带动销售收入，刺激企业老板们加入直播战局的，还有直播带货本身的话题热度。网经社电子商务研究中心网络零售部主任、高级分析师莫岱青认为，直播电商、达人带货、网红爆款正在“二次爆发”成为新的增长点，直播将成为电商、品牌、商家们的“标配”，直播渗透率在快速提升。商业触觉灵敏的企业家们，自然不会放过这个机会。

企业老板们甚至希望利用自己对品牌、产品的熟悉程度和行业影响力，让自己在某些时候变得比网红的带货能力更强，成为企业直播电商的领路人。所以，无论是被市场部强行推进直播间，还是自告奋勇冲进直播间，越来越多的企业创始人和高管走进直播间亲自带货成了行业趋势。

作为一家企业的掌门人，企业老板不仅了解自家的品牌、产品，而且对研发背后的故事、团队经历等更为熟悉，与产品有着天然的契合度。CEO们频繁出镜，既加强了产品的背书，也加强了品牌输出的能力。

因此，对于企业老板而言，参与直播固然能提升销售额，但绝不只是卖货，只抱着卖货想法的直播不会长久。商业的本质才是王道，而品牌力就是一种商业本质，老板参与直播是对企业品牌力的强化。

另外，客观来讲，企业老板由于要顾及企业全局，日常工作繁忙，偶尔站台直播间无可厚非，但他们中的大多数并不适合常规性带货。当遇到关键时间节点或者重大事件，比如企业周年庆或“双11”“6·18”等电商大促时，可以考虑请老板亲自上阵，但让他们参与常规直播并不现实。

服饰企业常态化的直播需要更专业的全职主播去做。

对于企业，尤其是传统品牌企业而言，老板直播的品牌宣传意义远大于卖货能力。老板主播直播成为卖货的选项之一，但更多的是锦上添花。

所以，波特邦威、霞湖世家老板的直播虽然带来了很高的销售额，但其实对他们来说，销售额并不是最重要的。他们更看重的是带货行为本身带来的品牌加持和行业影响力的提升。因此，老板直播带货不是为了完成销量和指标，更多的是通过直播导流增加曝光量，为品牌造势。

5. 虚拟主播：传统主播的强劲对手

传统直播电商主播正迎来强劲的竞争对手——虚拟主播。

2020年5月1日晚，淘宝直播间“天猫青年实验室”进行了一场充满二次元风格的电商直播，这场直播的主角是虚拟主播。

当晚，国内极具知名度的二次元虚拟歌姬洛天依现身直播间，蓝衣、灰发、碧瞳的洛天依在直播间积极同粉丝互动，同时现身直播间的还有言和、乐正绫、乐正龙牙等5位虚拟偶像，她们都是上海禾念旗下的虚拟歌姬，被称为“二次元虚拟偶像天团”。

数据显示，这场直播观看人数为213万。

洛天依的定位是温柔细致，同时带有一些天然呆的少女形象，由上海禾念于2012年推出。这一虚拟歌姬被推出后大受欢迎，在“Z世代”中广为熟知，多次登上大型歌唱表演舞台。2017年，洛天依曾举办过自己的线下演唱会，在“Z世代”的聚集地B站拥有近300万粉丝（见图4-3）。

图 4-3 洛天依 B 站主页

2020年4月21日，洛天依还曾与某网红一起互动。有媒体称洛天依的淘宝直播坑位费高达90万元，超过了罗永浩的60万元。

虚拟主播洛天依入局直播带货并非个例，有不少虚拟偶像欲入局直播带货，这其中包括不少短视频动漫IP。

2020年5月5日晚，抖音美食类动画IP“我是不白吃”也进行了一场直播带货，与洛天依直播相似，采用真人+虚拟IP的直播方式，主要销售零食类商品。当晚直播销售额为7.17万元，卖得较好的商品是一款山楂零食，卖了1.99万元。2020年整个五一假期，“我是不白吃”一共播了3场，销售额为36.97万元。

“我是不白吃”开启带货之旅后，一个月内直播间销售总额就突破了1000万元。

此外，知名动漫IP一禅小和尚和狗哥杰克苏也在入局直播带货。

那么，虚拟主播到底是什么呢?

首先我们要清楚虚拟人的概念。虚拟人指具有数字化外形的虚拟人物，依赖显示设备存在，拥有人的相貌、人的举止以及人的思想。比较知名的虚拟人有洛天依、柳夜熙（见图4-4）、AYAYI等。

而虚拟主播属于服务型虚拟人的一种，其核心作用是替代真人服务，完成内容生产以及一些简单的工作，降低已有服务型产业的成本。

图 4-4　柳夜熙抖音账号主页

目前，我们在各平台上看到的虚拟主播大致可以分为两种类型：纯AI虚拟主播和有真人驱动类虚拟主播。

纯AI虚拟主播能够24小时不间断直播，成本较低，能有效降低品牌对于人力的依赖。但缺点也很明显，纯AI虚拟主播交互性较弱，只能回答提前预设过的问题，引导下单的能力比不上真人主播。

因此，当前大部分品牌都会选择在下午和凌晨后的冷门时段放置虚拟主播。

真人驱动类虚拟主播是由“虚拟形象”和幕后“中之人”组成的。所谓“中之人”驱动，即通过动作捕捉驱动，将真人的动作同步到虚拟人身上，进行配音和表演，达到实时互动的效果。

因此，真人驱动类虚拟主播在交互性上更优秀，但需要一定的技术门槛，成本较高。

除此之外，目前还流行用“真人+虚拟人”的组合模式。这类主播往往自带流量，已经形成一定的IP号召力，能起到“1+1>2”的直播效果。

（1）虚拟主播的优势

虚拟主播有其独特优势，具体表现在以下几个方面。

第一，成本较低。

虚拟主播属于一次性投入，从长期来看，虚拟主播比真人主播的相对成本要低，虽然转化效果不如真人主播，但整体性价比要高。

第二，全天候直播。

和传统直播模式相比，只要有电有网络，虚拟主播可以做到24小时、365天全年不间断直播，增加深夜等时间段的流量转化，全时段抢占沉淀流量，降低直播运营成本。真人长时间直播会疲劳，但是虚拟人完全不会，并且能长期坚持。

第三，人设稳定。

当品牌选择明星、网红主播进行直播带货时，就要承担“人设可能崩塌”的风险。过去几年代言人直播翻车的事件屡见不鲜。

而虚拟主播没有自主意识，可控性更强，不会人设崩塌，也不参与分成，更不会跳槽。

第四，趣味性强。

现在很多直播间的内容都大同小异，谈不上趣味性。而虚拟直播带货这种新鲜的直播模式，场景变化灵活，直播趣味性强、形式多样，可以更好地吸引客户，尤其是对新奇事物接受度较高的“Z世代”消费者。

（2）虚拟主播的不足

不过，需要注意的是，虚拟主播仍处于发展初期，尚存在诸多不完善之处。

第一，虚拟人价格相对高昂。

软件工具类的AI虚拟主播成本相对便宜，在系统里自选开播形象，便可以进行模板化的虚拟直播，一个月花费只需几百元到上千元，但是效果也很一般。

实时驱动的虚拟主播价格昂贵，从虚拟人的3D建模、骨骼绑定到直播时的实时渲染和语音生成，仅仅是三维虚拟形象技术费用就要几万元到几十万元。

数据显示，目前品牌方寻求虚拟人付费代言合作的成本一般为数十万元。而制作一个自己的品牌虚拟人的市场价在50万元到300万元不等，普通商家难以承受。

第二，技术尚不成熟。

当前的虚拟主播技术尚处于初级阶段，不够成熟。虚拟主播还不具备完全替代真人主播的能力，只能起到辅助作用。而且，虚拟主播在某些品类里展现力远不如真人。比如服饰类、美妆类产品，真人主播可以随时通过换衣服、上妆来真实展示产品效果，虚拟主播就无法做到。

第三，转化率较低。

有数据表明，使用虚拟人直播带货，交互能力较差，无法及时、准确地回答用户问题，很多虚拟主播也只是较为机械化地宣读产品卖点，神情动作十分有限，用户体验不甚理想，转化还未达到真人的平均水平，但鉴于其综合成本较低和不错的综合收益，也有很多商家愿意采用虚拟主播直播带货。

（3）虚拟主播发展趋势

2021年堪称元宇宙元年，全球都迸发元宇宙热潮，游戏、社交网络、广告营销等领域都迈入“虚拟蓝海”。

元宇宙概念的横空出世为虚拟人的发展提供了契机，虚拟主播自然也被赋予了更多的价值和话题度。随着国内元宇宙的风口渐盛和直播需求的上升，“虚拟主播”走上了发展的“快车道”，成了直播带货的新趋势。

除了淘宝，B站也成了国内虚拟主播的聚集地。2021年，B站CEO陈睿在12周年庆上表示，过去一年共有超过32000名虚拟主播在B站开播，同比增长40%，虚拟主播已成为B站直播领域增长最快的品类。

此外，诸如快手、京东等平台也展开了虚拟主播方面的尝试。2021年“双11”期间，快手官方电商虚拟主播关小芳进行了直播首秀。2022年2月，京东打造的美妆虚拟主播小美现身YSL、科颜氏、OLAY、欧莱雅等超过20个美妆大牌直播间。2022年4月，淘宝公布2022年直播营销三大发力方向，其中虚拟主播和3D场景备受瞩目。

整体来看，虚拟主播依然会是直播行业的一个趋势。相较于真人主播来说，虚拟主播可以弥补真人主播体力、可控性、孵化成本等方面的局限性。目前，各大平台、品牌、基地等服饰直播产业链参与主体都开始积极关注虚拟主播。

相关数据显示，2021年中国虚拟人整体市场规模达147.3亿元，预计2030年达到3095亿元，呈现强劲的增长态势。

当前，虚拟主播仍在初步探索阶段，在运营模式、产业成熟度等方面仍有很多不足。相信未来随着技术不断迭代进步，虚拟主播的发展空间会非常大。

未来随着人工智能技术、动捕技术的发展，在产业链各主体的关注参与下，虚拟直播前景可期。

第五章

吸粉引流：粉丝运营与引流技巧

【内容提要】

· 主播如何做定位，持续输出优质内容？

· 直播间常见的涨粉技巧有哪些？

· 主播可用的福利激励措施有哪些？

· 主播如何着手打造个人IP？

· 如何提升粉丝黏性，打造粉丝社群？

1. 做好账号定位，持续输出优质内容

直播带货的基础是自媒体账号及其粉丝，除非是一些知名服饰品牌的官方账号或者是明星主播，在得到各大平台优先流量照顾的情况下，可利用其品牌、个人影响力快速吸粉，直接开启直播。

其他类型的主播，包括网红主播、达人主播、素人主播，都需要具备一定的粉丝基础，才能开启直播。当然，素人主播也可以起号后即开启直播，边直播边涨粉，但其效果如何，可以预料。

我们看那些头部的网红主播、达人主播，无不经过了较长时间的账号运营、内容输出、吸粉涨粉过程，在成为网红、达人之后，才有了在直播带货领域的一鸣惊人，因此千万不要本末倒置。

（1）定位垂直领域

主播输出的内容越垂直越好，越垂直的内容，未来的变现价值越高。

抖音、西瓜视频、今日头条、快手等官方指导里也明确推荐新用户做垂直领域的内容，这样可以得到更多的推荐，获取更多的收益。

所谓垂直领域，通俗地讲，就是平台已经做好了搭建工作，各类自媒体主播只需要在平台划分出的某个领域做深度挖掘和内容创作。换句话说，就是平台负责做大做强，自媒体负责做细做精。平台搭台，主播唱戏，唱出自己的特色与优势，才能吸引更多的粉丝关注。

服饰领域的账号垂直定位方向主要有以下几个。

第一，摆拍型。

摆拍的内容围绕服饰主题，适当进行扩散，最终目的只有一个，即突出服饰主题，最后进行直播变现，具体又有三种类型（见表5-1）。

表5-1　摆拍类型

类　别	描　述
店铺摆拍	店铺摆拍比较适合实体店主或是线下批发档口，店主或店员亲自做服饰模特，进行摆拍，成本较低，内容真实。通过长期的拍摄和视频输出，能够吸引粉丝关注，赢得信任。但需要模特本人具有较强的表达力、较好的颜值与身材
户外摆拍	即街拍，通过演员走路、坐姿、舞蹈等行为，从各种角度展示服饰穿在身上、在户外实际场景中的效果。看似随机拍摄路人，其实拍摄对象都是演员，目的是卖衣服
生活摆拍	即对主播个人日常生活、旅游、聚会、出行等场景的摆拍，重点突出的是其穿搭。它比街拍、室内固定的场景更多元，给了用户更多喜欢、购买的理由。 生活摆拍能塑造丰富的人物形象，可表现力比较强，KOL的属性是最强的，能够转化成真正的带货能力。比如拥有238.8万粉丝的抖音网红安妮婷婷（见图5-1）就是这类主播

第二，穿搭教学。

很多普通人日常不会穿搭，于是穿搭教学类的主播或达人就有了市场。教粉丝如何穿衣、如何搭配，持续输出内容，也能收获一批粉丝。具体结合所在平台，可采用图文、短视频、中视频的方式来展现日常穿搭的心得和干货。

穿搭教学类内容的输出需要一定的资源和投入，因为需要购置相应的服饰，比较适合开设有服饰店、批发档口或网店的达人。

第三，穿搭对比。

通过对比形成强烈的反差，进而展示达人的选品及搭配能力，重点要突出商品。比较常见的剧情是素人改造，通过改

图 5-1　安妮婷婷抖音账号主页

造前后的过程和效果对比来吸引粉丝。

这类视频的投入相对较高，不仅需要准备相应的服饰，还需要找演员。而且视频制作比较麻烦，同时，选取的素人要具有代表性，能够经过比对凸显出达人的穿搭功力。

第四，好物种草。

好物种草融合了穿搭教学和生活摆拍的内容，具体展示方向可以是主播拆快递开箱，也可以是直接分享个人的衣橱柜，现场展示。目的是传达自己对服饰穿搭的理念，同时也会将产品上身的效果以及衣服的手感、材质讲得比较详细。

好物种草不仅讲究上身的效果，更考验达人在选品、搭品上的能力。

该类账号一般在做服饰的同时也会搭配美妆。

第五，街头采访。

街头采访既有提前导演的模特儿剧情，也有真实的随机街采。容易吸引眼球，引发用户的关注。

但是这类视频里面的服饰个性化比较明显，而且许多服饰的配套价格不便宜，投入较高。

第六，手工才艺。

即主播利用自己的手工才艺，比如旧物改造，利用身边的旧物、旧衣服重新设计款式；手绘，通过卡通、素描等手绘方式，进行创意的服装设计；裁缝，通过设计、打样、出成品，复原一件衣服的制作流程。通过以上内容的输出来吸粉，对达人的个人能力要求较高，很难作假。

（2）持续输出优质内容

输出优质内容是吸粉的重中之重，持续输出优质内容，则是对所有主播和自媒体账号的终极考验。

没有持续的优质内容作为基础，就算靠各种方法吸引了粉丝，也很难留下粉丝，所以在内容为王的时代，优质内容是吸粉的根本。

第一，输出高价值内容。

内容必须有自己的核心竞争力，能够为粉丝带来一定的价值。内容的价值所在与创作领域和创作者自身特点有关，内容价值主要体现在以下几个方面。

①娱乐价值：为粉丝提供娱乐享受。通过趣味、创意、好玩的内容为用户提供娱乐享受。

②情感价值：引发粉丝情感共鸣，能够调动粉丝或是悲伤，或是感动，或是开心的情感体验。

③实用价值：技能教学、经验分享、知识传播。通过技能教学、经验分享、知识传播等为粉丝的现实生活提供参考和借鉴。

④信息价值：满足粉丝的信息需求和好奇心。能够提供增益信息，告诉粉丝所不知道的信息，满足粉丝的信息需求和好奇心。

第二，明确内容风格。

作为一个创作者，要有自己的个性，形成自己独特的内容风格。有的创作者的风格是搞笑，有的创作者的风格是专业沉稳，有的创作者的风格是风趣幽默，有的创作者的风格是温柔知性……不管是哪个领域的创作者，最重要的就是要有自己鲜明的个性和内容风格，并保持风格的一惯性，只有这样才能让粉丝真正记住你、喜欢你、关注你。

第三，建立账号素材库。

自媒体账号产出一条爆款内容可能是靠运气，但是一个优质的账号必须要有源源不断的优质内容作为输出。建立丰富的素材库，可以为我们输出内容提供源源不断的选题灵感。那么，要如何建立素材库呢？可以从以下四个方面入手。

①用户画像：当我们找不到内容输出的方向时，可结合用户画像输出内容。根据用户的行业、学历、地区、收入、年龄等输出具有针对性的内容。

②结合热点：当下热点事件是大家普遍关心的问题，结合热点作为内容输出的方向，说不定能获得意想不到的曝光量。

③分析同行优质账号：向同行业的头部账号学习，能成为头部账号肯定有它自身优秀的地方。分析它们的爆款作品背后的原因，为自己的账号积累选题素材。

④官方活动：平台的创作者中心会定期发起话题挑战，并且参与话题挑战发布的相关作品还有系统流量推荐。遇到灵感枯竭的时候，打开创作者中心，或许就能找到创意和灵感。

第四，参与粉丝互动。

在因创作方向而感到困扰的时候，不妨去评论区和后台私信里寻找灵感。看看粉丝们最关注的话题是什么、最想看的内容是什么，粉丝关注的点都可以转化为选题的方向。

2. 直播间涨粉实战技巧

边直播，边带货，边涨粉，是主播们期望的理想状态。

但现实中很多直播间都遇到过这样的问题：直播时直播间人气挺高，观众也不少，但直播结束后，看数据复盘，却发现新增关注很少。

如何在直播过程中涨粉？对此，有人一筹莫展，有人却玩得风生水起。

前面我们讲过霞湖世家的案例，令人羡慕的是，霞湖世家的300多万粉丝中，大部分都不是靠账号日常内容输出涨粉而来，而是在直播时实现的粉丝增长。

飞瓜数据显示，仅2021年前三个月，霞湖世家就实现直播涨粉104万。事实上，霞湖世家直播涨粉靠的并不是运气，而是其独特的直播魅力。

第一，娱乐和带货同步进行。

在霞湖世家的直播间，除老板郭长棋亲自参与直播外，通常还会有一位名为姬丽婷的女主播。此人原是一名酒吧驻唱歌手，被霞湖世家高薪聘请而来。

姬丽婷在直播间的角色定位并不是吆喝卖货，而是为粉丝唱歌，活跃人气。因此，每当直播间点赞量达到一定节点或者直播间粉丝强烈要求时，姬丽婷都会献唱一曲。

这种一边卖货，一边娱乐，一边互动的直播模式很受粉丝欢迎。

第二，互相借势，互相导流。

霞湖世家老板郭长棋有两个企业家朋友，分别是中山戈雅光电、中山天驭服饰的老板，前者做灯饰，后者做服装，都是中山本土企业，也都开设有抖音直播账号。

郭长棋称戈雅光电的张总为师傅，因为张总传授了他视频制作和运营的经验，而中山天驭服饰的夏总则称郭长棋为师傅，他入局最晚，拜了郭长棋为师。

在他们的抖音账号里，几名老板经常合拍视频，他们在直播间也经常串场、互相连麦，几个老板之间的交流也让带货变得没那么无聊，同时还能互相导流，同时涨粉。

第三，老板人设良好。

霞湖世家的直播间，郭长棋本人经常参与直播，他会穿着自家工厂生产的产品，在镜头前给粉丝细心介绍每件产品。

同时，霞湖世家抖音账号日常内容输出也紧紧围绕老板个人人设包装进行。例如，2020年10月，该账号发布了一则霞湖世家员工食堂的视频。视频中，老板郭长棋品尝了员工食堂的饭菜，并现场指示，提出改进意见。该视频引起很多粉丝共鸣，点赞量破5万。此类视频还有很多，一方面有涨粉之效，另一方面也有助于树立郭长棋良好的人设。

第四，运营企业矩阵号。

霞湖世家除了抖音官方旗舰店的主账号，还有很多关联矩阵账号，比如霞湖世家主播姬丽婷、虎牙小妹、艾米等都开有自己的抖音账号。

此外，郭长棋的儿子小郭总（见图5-2）和女儿郭雨婷也有自己的账号，而且都有各自的人设。例如

图 5-2　霞湖小郭总抖音账号主页

儿子小郭总，早期常常自嘲是一个“不务正业”的富二代，在视频里分享一个富二代的日常生活，看似定位同企业无关，事实上，他们发布的内容都是经过精心策划的，都能为主账号进行导流、涨粉。

除了借鉴以上成功经验，还有如下一些直播间涨粉技巧值得学习。

（1）开播前发布优质作品

开播前，在自媒体平台发布优质作品，一方面可以在作品中预告直播，另一方面可以获得平台的流量支持。以抖音为例，可以在发布作品的同时，再投一下视频抖+或者直播抖+，以获得更多的流量扶持。

按照抖音的算法机制，每位用户在发布短视频作品时都会获得一部分推荐小流量。

只有作品的数据优秀，才会推荐给更多的人看，所以发布的作品一定要优质，争取获得更多的流量，为直播间导流。

（2）多渠道宣传推广

直播宣传也是抖音直播有效吸粉的方式之一。主播在直播开始前一周左右可以在自有平台和其他社交平台上提前宣传预热，以通知老顾客和吸引新的潜在顾客来观看直播。

还可以选择一些相关平台进行合作，利用第三方平台宣传。例如，我们做服饰产品，可以和服饰相关的直播平台合作，通过他们的宣传吸引更多观众进入直播间。

（3）让更多人进入直播间

进入直播间的人越多，从比例上看，新增粉丝通常也会越多。

如何才能让更多的人进入直播间呢？

首先，想办法上热门。以抖音为例，上热门首先要了解抖音平台规则，弄清楚上热门有什么规则，尽量按照规则来做。比如上热门需要多刷什么礼物（如刷玫瑰），就可以在直播的时候引导粉丝。

其次，一场内容精彩的直播一定是能冲上热门的好帮手。优质的直播包括精彩的表达、精彩的画面（可以是丰富的表情、精彩的才艺表演、好听的歌声等），要尽情地去发挥主播的长处。

最后，定时、规律地直播。每天直播最好固定时间、时长，形成稳定的规律，这样可以吸引粉丝按时过来看直播。

（4）引导关注和营销

对于刚进入直播间的粉丝，记得引导他们点击直播间上方的头像，关注自己。

切记，每次直播，只要看到有人进入直播间，就要尽可能点名欢迎其进入直播间（直播间人气特别火爆时除外），或者在直播间用白板写上“喜欢我就关注我”。

每当粉丝关注自己，只要有时间，就要主动发送感谢关注的话术。比如，“××（粉丝名称），感谢关注，我是一个什么样的主播，直播时间是每天20:00—22:00”。

营销主要是指直播间福利方面，也就是抽奖环节和优惠券的发放，在直播开播的时候，以及在直播中，都要不定期向直播间粉丝宣传福利，引导关注，话术如下:“感谢大家来到我的直播间，我给大家准备了抽奖活动，点击我的头像点点关注，关注之后就可以参与抽奖了。”

（5）连麦PK

直播时同其他主播或直播间进行在线视频聊天或PK，是非常不错的引流方式。主播连麦，有的时候连麦双方彼此熟识，约定好连麦，有的时候，素不相识的主播也可以随机连麦，也极有可能创造意外的节目效果。

（6）主动找话题带节奏

粉丝没有问题、没话题，主播就自己创造话题，切忌冷场，想方设法让粉丝能够参与其中，对于粉丝的问题要做到及时回复。

（7）找到共同点

共同点是和陌生人快速打开话匣子的有力法宝，比如爱好、地理位置、生活习惯、影视剧、偶像剧、明星等，都是直播中主播可以开启的常见开放式话题。

例如，某主播在直播间卖一款由明星代言的粉霜的时候，介绍产品的第一句话就是“×××的粉丝在不在”，这时有共鸣的粉丝就会蜂拥而至，这一招非常管用。

3. 福利激励：有效建立粉丝的忠诚度

直播电商的基础是流量，对于直播带货的主体——主播而言，粉丝即流量，粉丝是主播最宝贵的财富，也是其赖以生存的根本。

实际上，直播间粉丝的黏性并不高，也谈不上什么忠诚度。尤其是一些电商平台的主播，更谈不上粉丝忠诚度，粉丝的目标是适合自己的高性价比商品，他们像猎人一样，游走于各个主播、达人和直播间，以淘宝平台为例，粉丝在直播间平均停留时间仅为5分钟。

这种状况对主播来说是一个极大的考验，既要想办法在尽可能短的时间内吸引粉丝注意，促使其下单，同时又要使出浑身解数，引导过客关注，使之沉淀下来，进入私域流量池，成为真正的、忠诚的粉丝。

（1）提供多种福利激励措施

主播要懂得借助各种福利激励措施适时回馈粉丝（见表5-2）。比如通过抽奖、赠送定制礼物、给核心粉丝送生日祝福等方式来用心经营粉丝，给粉丝制造惊喜，感动粉丝，这样可以极大地提高粉丝的忠诚度。

表5-2　直播间福利激励措施

福利措施	详　情
红包分享	主播通过红包设置的方法发送红包，但粉丝需分享直播间才可以领取红包，这样可以提高直播间的人气和增加粉丝的有效时长
粉丝专属福利券	主播可以为进入直播间的新粉丝设置粉丝福利券，有效提升转粉率，提高粉丝的忠诚度
随机福利	通过不定时的随机福利发放，吸引粉丝长时间停留在直播间，增强粉丝黏性

续表

福利措施	详　情
抖币红包	抖音平台的一种粉丝福利，主播通过在直播间送抖币红包，为粉丝发福利，吸引更多流量，也可以让粉丝在直播间停留的时间更长
直播间福袋	主播可以设置不同类型的福袋，通过福袋礼物吸引粉丝停留，有效提升直播间粉丝停留时长
直播间道具	在直播间展示相应的道具，例如点赞、关注、抢购等指示牌，烘托直播间的气氛，吸引粉丝转化
控库存玩法	针对不同的产品控制不同的库存数量，通过设置浅库存，营造稀缺感，突出抢购氛围，有效提升转化率
猜价格	引导粉丝猜测直播间商品的价格，实际售卖时给出一个低于粉丝预期的福利价，吸引粉丝购买热情，提高成交量
制造话题、热点	制造兴趣话题、热点话题、冲突话题，引导粉丝互动，活跃直播间气氛，延长粉丝在直播间的停留时间，进而提高粉丝的忠诚度和商品的成交率

（2）创建直播间福利任务

各大直播电商平台都有直播间福利任务创建模块，主播可根据自己所处平台来设置。下面以抖音为例，分享一下设置步骤。

第一步，登录。

需要以达人身份登录抖音账号，如果是商家身份，在登录时需切换为达人身份，登录后依次点击“直播管理—营销管理—直播间福利任务”。

第二步，选择任务类型。

商家/达人可根据自身需求选择平台推荐任务或者自定义搭配任务。平台推荐包括直播间人数任务、提互动任务、促下单任务三种，可以设置金额，不可以更改选项和次数。

第三步，投放活动。

创建成功后，在设置的福利任务开始日期内开播，开播的直播间会自动展示福利任务入口。比如开始时间设置为10月2日，结束时间设置为10月3

日，主播在10月2日20点开播，福利任务就从20点开始投放，到10月3日24点结束。

第四步，查看任务数据和信息。

创建/投放完成福利任务后，主播可以进入管理页面查看效果数据以及创建的任务记录。

抖音直播间福利任务创建完成之后，只要消费者完成福利任务，就能够享受到直播间的福利，而对于达人、商家来讲，创建这样的任务能够帮助提升直播间获取自然流量的能力，助力直播间GMV增长，同时也能回馈粉丝，共同得利。

（3）花样宠粉

粉丝是用来宠的，主播要学会花样宠粉，让粉丝受宠若惊，如此粉丝的忠诚度才能建立。

宠粉，最早出现在明星爱豆与粉丝之间，明星发自拍、直播、粉丝会等行为，都是宠粉的常见方式。

而在直播电商领域，主播的宠粉方式则更加接地气，或者说更实际。诸如亿元补贴、送汽车等福利，某快手网红主播曾进行过一次大手笔的宠粉活动，在直播间送给粉丝的福利包括一辆保时捷911跑车和30多辆宝马汽车。消息一经曝光，其直播间吸引了大量粉丝及网友，直播间在线人数一度高达250万，最终，一名幸运的东北粉丝喜提保时捷911跑车。

据统计，仅仅在2020年8月，快手平台就有超过5000场直播的主题上写着“宠粉”二字。

当前，主播的宠粉行为形式非常多样。比如，直播间发红包、带货时主播掏腰包补贴粉丝、送礼物、线下请吃饭等。还有一些宠粉行为体现在对粉丝的态度上，比如快手平台拥有1600万粉丝的王者荣耀主播“九天狐”就非常宠爱粉丝。他认为粉丝是自己的衣食父母。他曾说过一句触动粉丝心坎的话——动我可以，动我的粉丝试试。

主播通过宠粉活动，不断激发粉丝参与热情，最终催化了带货销售额的爆发，也提升了粉丝满意度和忠诚度。

不过，网络世界的玩法瞬息万变，主播务必在粉丝厌倦期来临前推出新的玩法、福利措施和激励手段，不断刺激其兴奋点和参与度。一旦主播不能与时俱进，及时更新直播模式、粉丝互动机制和玩法，很快便会由“粉丝”转为“路人”。

4. 打造主播的专属IP，实力圈粉

IP，英文全称为Intellectual Property，直译为知识产权。

个人IP，可以理解为个人品牌、个人形象及个人专属标签。个人IP，简单来说就是一个人的言谈举止与行为的集合，是个人标签、人设的定位与塑造。你的IP品牌，就是别人对你的印象、信任与评价的总称。

在互联网时代只有两种人，一种是有IP的人，另一种是没有IP的人。个人IP打造得好，名利双收，缺乏个人IP，则可能举步维艰。

举例来说，罗永浩就是一个鲜明的个人IP，他在新东方做过英语老师，是最早的网红之一，被称为中文互联网上第一代精神偶像。罗永浩办过网站，创立过自己的手机品牌——锤子，目前是抖音平台的签约带货主播。

2020年4月1日，罗永浩在抖音进行直播首秀。直播间累计观看人数达4800万，其中绝大多数粉丝都是冲着罗永浩的人设而来，他们都声称要去直播间看老罗说相声。

罗永浩这场历时3小时的直播，成交额超1.7亿元，订单量达90万单。

这就是顶流主播IP的魅力和威力。

一个好的IP可以增强主播的辨识度，深化粉丝对主播的认知以及信任感，也有助于直播带货时对直播间粉丝进行说服和成交引导。通常，主播个人IP需要具备以下属性。

第一，文化属性。

此处所讲的文化不是指文化知识，而是基于人文、专业技术方面的文化属性。

第二，情怀属性。

每个人都有情怀，现在自媒体平台上的很多地理IP、动物IP、虚拟IP都

有情怀。作为主播想要打造个人IP，就更必须有自己的情怀属性。

第三，符号属性。

符号就是指IP名称、直播环境，以及服饰道具等感官效果有独特的辨识度。符号要与IP属性融为一体，不能强行植入。

第四，传播属性。

IP最大的特征是传播，如果大部分粉丝都没有自发传播你的动力或者冲动，那基本上可以判断你还不具备IP属性。

当主播被贴上标签，与标签融为一体时，主播便拥有了属于自己的IP。

当主播拥有了专属IP，不仅能更好地凭借差异化的IP圈粉，同时也能在直播带货中获得更高的信任度，取得更好的带货业绩。

直播电商本质上是一种基于内容（主播专属IP）的IP电商。所谓IP电商，是以自带流量的主播专属IP为核心、以社会化媒体传播为手段、以社群运营为方式延伸而成的一种新型社群电商模式，它成功打通了内容和商业间的壁垒，缩短了主播的变现通道。

因此，主播打造个人专属IP的需求更为迫切。

素人主播或新人主播应当如何去打造个人的专属IP呢？可从四个维度来展开。

第一，塑造独特的外在形象。

形象塑造是打造主播IP的第一步，遵循两大原则：专属特点和匹配。

专属特点指的是和别人的差异化，让粉丝容易记住。有了明显特征的人设加持，主播就能最大化发挥自己的特色，也能在观众的心中形成鲜明的性格特征，十分利于主播在观众心中树立形象。

如果形象上没有特点，建议用一个吸引眼球的道具作为辅助，甚至可以在旁边放一只猫、一只狗，以展现主播对小动物的喜爱，让人联想到善良这个属性。

匹配指的是“人”和“货”“场”的协调。服饰类主播在进行直播带货时，自己的形象、衣品首先要过关。

第二，塑造人设。

人设，即主播的任务设定。人设塑造过程中可以使用SRIL分析法（见表5-3）。

表5-3　SRIL分析法

S（Superiority，优势） 优势分析	优势包含两种：硬件优势、软件优势。硬件优势是在一定时间内难以改变的东西，比如身高、颜值、性格；软件优势则是可以通过学习、努力来获得的优势，比如各种领域的专业知识
R（Risk，风险） 风险分析	分析在未来会不会招惹麻烦，主要考量四个维度：法律、道德观、价值观与隐藏的黑料。从法律层面，不得触犯法律，不得挑战国家社会底线。从道德观层面，不得做有违道德底线的事。从价值观层面，需符合社会主义核心价值观。从黑料层面，查询达人有没有隐藏的黑料，若有则随时可能导致人设崩塌
I（Information，识别度） 识别度分析	构建人设时，和其他类达人进行横向对比，分析与他们之间有什么区别，寻找自身优势；和同类达人进行纵向对比，分析与他们之间有什么区别，寻找自身优势
L（Liquidity，变现能力） 变现能力分析	是否拥有带货能力，是否有商务合作价值，以及未来是否有商务合作的可能性

通过SRIL分析法，分析主播身上可能存在的每一个优缺点，全部都列下来，进行通盘分析。找到其优点及短板，优点进行加强，短板进行弥补或规避，塑造出有个人风格特点的IP。

第三，形成专属主播风格。

主播风格标签根据自己的性格、兴趣爱好去定位，无论什么样的风格，都要能和粉丝有一个良好的互动。新手主播可以把自己的性格爱好一一列出来，然后从中寻找适合自己的风格定位。

主播风格一定是在自己性格特点的基础上进行放大，不能背道而驰选择完全不符合自己的风格，否则很难坚持下去。主播的风格可以结合个人性格、形象、优势、兴趣爱好等要素，并结合粉丝群体的画像和喜好，从这些类型角度去设定，比如幽默风趣、活泼可爱、成熟稳重、辛辣犀利、知识专家等。

主播在风格方面找准自己的定位，在直播过程中加强和放大，建立一个识别度很高的直播风格。个人的风格能给直播间带来特定的气场，这种气场能决定一个直播间的氛围。

不过，一旦主播风格确定，就不要轻易改变，应该坚持下去，不断加深粉丝的印象，直到形成自己的专属风格。否则，就是自砸招牌。

第四，专属内容IP、专属标签。

主播输出的内容要有明显的差异化特征和强烈的个人特色，要在自己的垂直领域内传递有价值的内容。服饰领域的主播就要立志做一名服饰专家，将自己所属领域彻底钻研透，在直播间将你的专业化呈献给粉丝，以提高粉丝信任度和粉丝黏性，形成自己的专属标签、专属细分领域。

总之，主播必须有自己的闪光点或特点，才能让粉丝记住。浮夸的着装打扮可以是一个标签，洗脑式的口头禅也可以是一个标签，如某网红主播的“所有女生”和“买它买它”。

标签并非越多越好，一个人具有2～3个标签是最好的，而这些标签需具有识别度和精准度，要尽量选取主播最擅长的去做。反之，标签越多，反而越会降低识别度。

5. 打造粉丝社群，积蓄私域流量池

宋超是土生土长的徐州人，在当地有15个卖场，销量好的时候一天有100多万元收入。“2011年，那时候还没有抖音、快手，微信刚诞生没多久，是个很新鲜的聊天工具，我要求我们家所有员工必须加上每一位来消费的顾客微信，否则不给提成，这样也才算是一个完整的过程。”

在宋超的要求下，他的24人团队，借助100部手机，总计建立起了8000个微信社群，积累起几十万私域粉丝。

在社群管理上，宋超安排了24个员工通过100部手机进行维护，要求他们应在1分钟内通过人工语音回复顾客的问题。宋超称：“我们有8000个群，都是禁言的，不让任何人说话，每个群不超过80个人，这样方便管理，也防止有些人偷你的客人。”

2020年2月，宋超开启直播带货，由于前期已经积累了50万左右的活跃粉丝，辐射到徐州市95%的地区、50万个家庭，因此他的直播带货之旅出奇的顺利。宋超算了一笔账，直播1小时45分钟带来的销售额大概是其正常实体店150天的销售金额。

自媒体人罗振宇称：“未来的品牌没有粉丝迟早会死。工业时代，你只需要有顾客和用户即可，而未来时代没有你的社群，没有你的粉丝，你就是死。”

当直播和社群打通形成闭环链路，私域将不再只是商家们带货促销的渠道，更成为红人主播触达粉丝的高效平台。

据了解，某网红主播有大约600个粉丝群，假设每个群都有400人，核算下来就是24万私域用户。其他的头部主播，也都有各自的粉丝社群和私域流量池。

一些头部网红主播在各大平台上已经有了千万级的粉丝量，自带流量和光环，为什么还要致力于打造粉丝社群呢？其目的无外乎三个。

第一，打造私域流量池。

平台上的粉丝再多也都属于平台，属于公域流量，终究受平台控制。一旦平台对主播进行限流甚至封杀，那么，主播在平台上多年的耕耘和粉丝积累将瞬间化为乌有。

头部主播如此，腰部主播乃至基层主播更不例外，平台考量的是大局，可能暂时对某些主播进行流量倾斜，但平台的流量终归要不断分流给新人，同时对老主播进行限流，这种限流对老主播来说是要命的。因此，无论何种类型的主播，都要具备前瞻意识和危机意识，提前打造粉丝社群，布局私域流量池，给自己留后手。

第二，提高主播转化率。

主播的粉丝忠诚度和粉丝黏性都无法同明星相提并论，主播同粉丝之间是一种若即若离的微妙关系。粉丝其实对主播的忠诚度很低，相比主播本身的人设，他们的关注点更多是主播的议价能力和能否为他们带来物超所值的商品。换句话说，谁做主播都不重要，重要的是谁具备强大的供应链能力，谁能给粉丝提供物美价廉的商品，粉丝就会去谁那里买单。

主播打造粉丝社群的目的之一在于缓解上述尴尬的局面，打造一个培养忠实粉丝的集合地，不仅能够增加自己和平台、资本博弈的筹码，同时也能提高同供应链商家的议价权，还能将终端粉丝牢牢掌握在自己手中，随时可触达。私域社群可以成为直播的延伸，进一步提高直播转化率。

另外，通过定时发放直播预告清单、讨论种草产品、组织用户晒单、及时售后处理等一套组合拳，让粉丝逐渐养成看直播的习惯，能有效提升下次直播带货的老粉转化率。

第三，培养铁粉。

私域社群是主播培养铁粉的利器，主播通过一系列福利措施，也可以不定期空降社群，还能够有效提升粉丝黏性。同时，根据社群内部粉丝的活跃度，再筛选出铁杆粉丝群，他们将是主播的坚实后盾，可用于助力主播打榜PK、直播间打赏、活跃直播气氛，甚至还能在主播遭遇舆论危机时帮助公关、帮忙化解。

以下借助某网红李主播的案例介绍一下主播打造粉丝社群的模式：

李主播的私域粉丝社群主要由公众号、个人号、微信社群、个人号朋友圈构成。

李主播的公众号下方设有导航栏，点击“进粉丝群”会直接弹出群聊的二维码，扫码添加即可进群。

新粉进群后，首先会看到一套颇有仪式感和带有IP特色的进群话术，“欢迎加入2+7大本营”，之后粉丝会被要求将昵称改为地区+肤质+昵称。私域运营通过收集用户的地域、肤质信息，为用户提供更精细化的产品和服务。另外，地域和肤质这两个话题自带流量属性，能迅速拉近群成员间的距离，提升群内活跃度。

社群打造是为了赋能直播，李主播的社群和直播关联度也非常高，社群中都有直播预告、心愿单、客服咨询和售后处理这四个环节。

李主播社群管理采取的是人工+机器人结合的模式。群内的直播预告非常频繁，不仅有文字清单版本预告，还有商品图文结合的预告在不同时段放出。同时为避免粉丝错过心仪商品，粉丝还可以在群内回复关键词“预告”，机器人会直接发送当天的直播清单，更高效便捷。

私域社群也有签到积分换礼活动，平时还会组织各类小活动，比如“手绘理想家”活动，粉丝可以通过参加各种小活动来获取奖品，增强粉丝黏性。

李主播私域社群的特色是“直播+陪聊”，不仅与直播带货关联度较好，还能提供预告、售后等一揽子服务，同时群内的机器人也给粉丝带来了便利和欢乐。但同样，社群内关于李主播个人IP的内容较少，粉丝更多是与直播购物相关，而非个人铁粉。

6. 社群管理：粉丝运营与维护的技巧

社群通过高质量内容和价值观来筛选用户，用户沉淀下来之后形成社群，社群初具规模后，其共同的价值观和需求可推动主播不断输出精准的优质内容，从而吸引更多的优质用户入群，社群更注重满足用户需求，注重互动。通过社群价值观粘连起来的用户群体，具有共同的价值观，更具商业价值。

很多主播都知道要建立粉丝社群，但很多主播建了粉丝社群之后却懒得维护，最后抱怨粉丝社群浪费时间、毫无作用。

粉丝社群建立起来只是第一步，后续的运营管理与维护才是关键。我们看到一些优质主播，让内容充当入口功能来吸引同质化人群聚集，形成社群，再依靠直播电商、活动、营销等方式变现。

（1）建立粉丝社群

当主播具备一定的粉丝基础之后，就要开始建立粉丝群了。在初始阶段，主播最好不要对进群粉丝设定过高的门槛，任何想加入粉丝群的粉丝，主播都可以邀请他们加入，这样粉丝群的规模才能迅速壮大，同时也能维持粉丝群的活跃度和热度。

当我们用尽心机将粉丝吸引进微信群、QQ群才是刚刚开始，而非万事大吉了，否则粉丝退群的速度要远远快于进群的速度，让前期的引流努力付之东流。

因此，要想留住这些粉丝并开展进一步的营销工作，就需要设计好方方面面的应对话术。

第一，欢迎话术。

新粉丝入群后，欢迎性话术的设计，要充分换位思考，给人留下良好的第一印象。比如："欢迎新朋友加入我们的大家庭，本群每天定期分享服饰穿搭方面的知识（特价商品信息），如果觉得群里消息过多，可以设置消息免打扰，等空闲了再查看我们的群。另外，群里面会不定期举行直播间同款产品的优惠秒杀哦！"

欢迎话术的目的是得到大家的好感，说话的态度不要太过强势，尽量给人留下一个好印象，给他们的暗示应该是——我能提供给你们的是你们想要的，但是又不会过多地耽误你的时间。

第二，群规话术。

规则性的话术语气也要尽可能委婉，免得惹人反感。比如："本群是学习交流群/折扣商品秒杀群，不允许发布广告、二维码、分享其他无关信息哦，如果违规，会被请出去的。"

如果有人对此表示不理解，可这样予以解释：

"本群是学习分享群，为了方便大家学习交流，就要有一个清净的群环境，如果每个人都随意发布信息，那么群里就乱套了，时间长了大家自己都会由于反感而退出。而且，太多的杂乱信息也容易让大家忽略一些关键性的优惠信息。"

第三，转介绍话术。

当群里有人想介绍朋友加入时，可以这样设计回复话术——

"亲，把咱们的群号发给你的朋友，申请加入时让他填写验证信息××，管理员看到这个暗号后，就会准许加入了，否则是无法通过的。"

第四，成交引导话术。

群里面除了进行日常学习分享信息之外，不要忘了最终的营销目的，在发布产品信息时，可根据产品类型来设计具体的直播引流话术。

比如："我们的爆款服饰又到货了，为了感谢大家一直以来的支持与陪伴，本周五晚八点，直播间不见不散。"

（2）维护粉丝社群

建立起粉丝社群之后，主播同样要做好日常的维护。

第一，引导群内话题。

要做好群内话题的引导，尽量将话题向主播的特色引导，比如才艺主播就可以多分享自己的才艺生活，脱口秀主播则可以多和粉丝聊天。

第二，保持适当的神秘感。

即使同处粉丝社群里，主播在与粉丝加强联系的时候，也要注意保持神秘感，切忌因为频繁出现、过于热情使粉丝对主播失去兴趣。

第三，打造粉丝团。

主播需要一个强大的粉丝团守护，因此，主播在维护粉丝社群时，要引导粉丝相互熟悉，形成一个以主播为核心的团体。最初建立的粉丝群可能会鱼龙混杂，主播可以先观察几天，与粉丝在群里相互熟悉，并在这一过程中筛选出符合要求的粉丝，建立专属粉丝群，这种群才是支撑主播发展的基础。

（3）完善社群管理系统

随着主播的知名度和影响力提升，其专属粉丝社群规模也会不断扩大。此时，就要构建起相对完善的粉丝社群管理系统，甚至增设营销、客服、技术等各种岗位，在提升粉丝体验的同时，也能及时处理各种问题。同时应建立相应的群规。

第一，入群仪式。

让粉丝获得社群归属感，从进入社群的第一时间就可以开始。为了尽快扩大社群规模，主播无须设定过高的入群门槛，关注即可入群。但需要设定一个特别的入群仪式，比如入群介绍，或者主播发放入群欢迎红包。

第二，特别称呼。

应当给社群中的粉丝取特别的称呼，让社群粉丝感受到自己的与众不同，如此才能让他们对社群有更强的归属感，进而为主播做出更大的贡献。

第三，身份级别。

随着粉丝社群规模不断扩大，主播也可以引入等级体系，比如“团长—组长—精英—团员”。

（4）核心成员分级

粉丝社群经过一段时间的运营和沉淀之后，应该做进一步的成员分级和角色划分，筛选出核心成员，主要有三类。

第一，KOL，即粉丝意见领袖。

这类粉丝在社群中有一定的影响力，同时也是主播的忠实粉丝，日常在直播间的贡献（打赏、消费）也很可观，在专业知识方面具有一定的权威性，或者说具备让人信服的点，是社群核心价值输出的主要贡献者。

第二，KOC，即消费者意见领袖。

这类人至少明面上是粉丝，在相关领域内也有一定的认知和见识，有时会代替群主主动回答其他粉丝的一些问题。

在社群运营的初期，消费者意见领袖可以安排内部人员进行潜伏扮演，但是当运营到一定阶段的时候，我们需要主动去挖掘真实粉丝中有潜力的人，努力把他们培养成KOC，这对于双方来说都是有好处的。

对于粉丝来说，可以获得一定的成就感。而对于主播来说，通过对KOC的培养，一方面可以进一步加强主播与粉丝之间的关系，另一方面在很多时候KOC可以配合KOL或者群主带动社群运营的整体节奏，促使更多粉丝完成转化。

第三，活跃小分队。

通常情况下，一个社群可以配置1名KOL，3～5名KOC，活跃小分队则可以安排在10～15人（200～300人规模的社群）。

活跃小分队，顾名思义，主要就是来活跃社群、带节奏，在活动、促销的时候营造氛围的。当然，小分队成员参与气氛活跃时，要有节奏、分批次进行，要掌握好分寸与尺度，不可一股脑儿全冲上去，否则会弄巧成拙。

第六章

直播筹备：做好直播前的准备工作

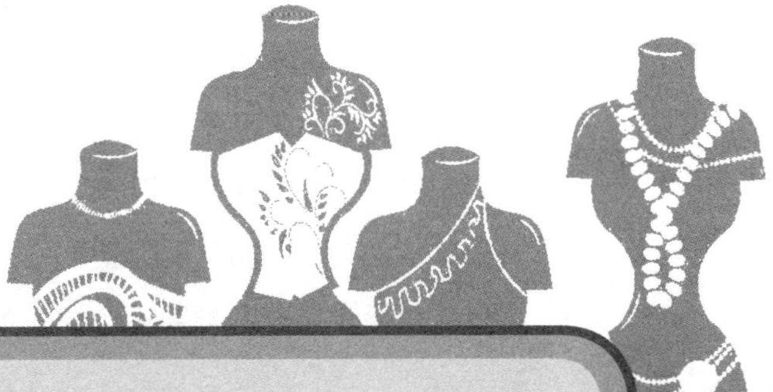

【本章关键问题】

· 如何配置直播团队成员？

· 常见的直播硬件设备有哪些？

· 直播脚本如何设计？

· 直播话术基础知识有哪些？

· 直播前如何做好准备工作？

· 如何为直播活动进行宣传预热？

1. 团队搭建：组建高效直播团队，各司其职

“刚转型做直播，我一个人可以做吗？”

“准备组建一个直播团队，要几个人？怎么给他们定薪资？”

新手在做直播时，往往都会遇到上述问题。甚至有人看直播带货赚钱，就打算自己一个人先干着，等挣钱了再扩充团队。

一个人能不能做直播带货？理论上是可行的，但是实践起来难度太大。除非你能一个人找货源、找产品，一个人买设备、搭建直播间，一个人对着镜头自言自语，忍受空荡荡的直播间，甚至一个人拍视频、一个人剪辑、一个人发货、一个人做售后。

直播带货最讲究“人、货、场”，其中“人”不单单是指镜头前面的主播，更是指镜头背后的整个直播团队。

一个人可以走得很快，一群人才能走得更远。

直播带货需要借助团队的力量，没有团队，主播的带货之路很难走远。一个完整的直播带货团队需要多个岗位的团队成员（见表6-1）各司其职，充分配合。

表6-1　直播团队的岗位配置

岗位	岗位描述及职责
主播	主播相当于主持人，是主播间的核心人物。主播的职责主要有： 第一，通过直播向粉丝提供产品信息并引导客户购买，在直播期间调动粉丝的情绪确保直播间的热度。 第二，在开播前要把整场直播的节奏、产品特性、脚本、利益点等做到最大限度的熟悉，只有这样在开播之后对产品的介绍才能达到相对流畅的水平，个人转化能力才能提升。 第三，在直播进行的过程中需要注意活跃直播间的气氛，做好粉丝的答疑、和粉丝之间的互动，做好活动介绍以及测品（试穿），引导新粉的关注，时刻注意自己在镜头前的表现。 第四，需要掌握一定的销售技巧，要敢于引导用户下单、善于引导用户下单

续表

岗位	岗位描述及职责
副播	副播，也称助理主播，主要是辅助主播进行直播。副播也可以是商家（品牌方）老板。常见的某某专场，一般会邀请商家的负责人来直播间进行配合，讲解一些产品的专业知识，和主播一起进行直播。副播的职责主要有： 第一，辅助主播，随时关注直播间的各种情况，对主播遗漏的商品卖点和事项及时进行提醒或补充。当主播不知道讲什么而冷场的时候，可以帮腔搭话、制造氛围。 第二，当主播起身离开换装、休息时，要及时出现在镜头前，临时扮演起主播角色，维持直播间的活跃度，推动直播活动正常进行。 第三，配合主播带动直播间气氛，介绍商品促销活动，引导访客关注。 第四，了解商品销售数据，提醒主播，并进行必要的画外音互动
助理	负责处理直播间内各种琐事，比如传递接下来售卖的商品，准备直播过程需要的道具、优惠卡片、手稿，给主播提示等。助理多数时候扮演的是副播的角色，小的直播间一般不需要助理
场控	场控，即直播间现场控制的意思，主要是辅助主播监控直播间言论，处理突发情况。场控扮演的是直播间管理员身份，其主要职责有： 第一，在主播进行直播期间，积极调动直播间氛围，带动粉丝积极性，以配合主播的节奏，引导粉丝参与话题讨论。引导的话题需要是积极的、正向的，有助于商品销售。要随时防止舆情失控，防止直播“翻车”。 第二，实时监控直播间发言，及时发现不和谐的声音和对主播、商品的不良言论，及时予以制止，避免不良影响进一步蔓延。 第三，在直播现场，配合主播进行商品上链接、商品改价、库存核对、活动优惠设置、小店后台设置等工作。 第四，进行直播复盘，及时发现直播中存在的问题，并予以改进，优化直播流程，丰富直播内容
商务	如果是达人端，商务主要是负责对接供应链、联系商家合作，根据选品团队挑选出来的类目、产品想办法拿到优质且高佣金的商品。比如，跟进样品、赠品进度、优惠形式、优惠链接、商品库存等具体执行事务。同时把控产品质量（假货伪劣产品），建立起优质的供应链。 如果是大主播，会有不少商家主动找上门合作，还有更大的议价能力，只需要负责筛品、把控质量。 如果是小主播，则需要想办法多渠道联系商家，宣传自己的团队、直播案例（数据），建立品牌合作。 如果是商家端（供应链），商务主要是负责对接达人，推进直播的各种事项。如果你是大品牌，商品有知名度且品控很好，只需要把商品加入精选联盟，设置一定的佣金比例，很多人愿意主动帮你带货

续表

岗位	岗位描述及职责
运营	直播运营的角色非常重要，相当于导演的角色，做的是统筹型的工作，可以说是直播间的负责人。其主要职责有： 第一，负责整场直播的运营，包括直播玩法设计（活动策划、利益点、营销点、秒杀等）。 第二，负责产品的组合销售、直播商品排款、直播的流程与脚本、主播的问题调整、直播场控等工作。 第三，负责广告投放相关工作。 第四，下播之后做直播复盘等
选品	主要负责产品筛选，比如什么产品好卖，容易爆单，全网商品调研、比价，完成产品信息采集。帮助主播把关商品质量、预判热度，选出能够打动消费者的产品。这个岗位需要很强的专业知识，类似传统行业的采购岗
中控运营	在直播过程中负责操作直播数据和调控后台，用平台控制直播，比如直播商品管理（上架、下架、调整库存），添加讲解商品，改价，查看直播间实时数据，设置优惠券、成交详情、订单明细等操作。 一般大型商家、品牌商家的直播间才需要中控运营，中小型直播间一般由直播运营操作
数据运营	数据运营主要负责商业广告投放（DOU+、Feed流、巨量千川等），也称为“投手”。负责统计、分析每场直播的数据，根据数据给出直播间优化建议。一般大型商家、品牌商家的直播间才需要这个岗位，中小型直播间一般由直播运营操作
内容运营	内容运营主要负责直播账号的运营，如账号日常内容更新、直播预热视频推送、直播间切片视频等，目的是通过账号运营、粉丝运营、数据分析，用短视频给直播间引流
导播	导播主要负责直播前直播间的设备调试，需要熟悉直播流程、摄像机和灯光的布局，以及现场各机位的调度。直播过程中需要对视频信号画面进行监控，保障播出设备的状态良好，直播发生突发状况时则需要组织应急，确保安全播出

续表

岗位	岗位描述及职责
客服	客服主要负责直播过程中的线上商品咨询、售后服务工作。其主要职责有： 第一，了解商品信息，熟悉客户需求，掌握一定的沟通技巧和客服知识，能够向客户详细介绍商品的优点和卖点。 第二，及时、高效、热情、耐心地回答买家提出的各种问题，不可拒答，不可有抵触情绪。 第三，及时、准确地备注商品，第一时间反馈给打单发货人员，防止货品错发、漏发。 第四，积极跟进售后问题，对订单发货情况、物流情况进行追踪，并做好统计。 第五，高效妥善处理各种售后问题，包括退换货及客户的投诉等。 第六，定期或不定期地回访客户，维持良好的客户关系

以上岗位配置是一个比较完整、成规模的直播团队架构，适合大主播、大明星、大网红、大商家自播。

不同主播、不同商家、不同目的的直播带货，其人员配置也各不相同，具体需要根据自身发展阶段、所处类目、预算情况等因素综合考虑。

2. 硬件筹备：选用合适的直播设备

工欲善其事，必先利其器。直播带货活动离不开设备的支持。

早期的直播带货，主播凭借一部手机就可以完成。但随着直播电商进一步发展，直播带货规模越来越大，直播间阵容越来越豪华，为了带给粉丝更好的观感和视听效果，提供更完美的直播带货场景，直播所需要的设备也越来越多、越来越完善（见表6-2）。

表6-2 直播设备一览

设备类型	名称	描述
电子网络设备	手机	直播手机通常是个人日常所用手机之外的专用手机，如果是预算不足的新主播，也可使用自用手机进行直播。 如果预算充足，建议选择各大品牌的旗舰型号手机，内存要足够大，一般不低于128GB，避免直播卡顿。手机品牌建议使用华为，性能比较稳定，音质、画面相对比较流畅。 从严格意义上讲，如果对直播要求不高，任何一台当下主流的智能手机都是可以满足基本直播需求的
	电脑	中等配置以上的台式机、笔记本电脑都能够满足直播需求。 如果没有出差或户外直播的需求，建议选择台式机。当然，同等预算的机型，台式机性价比会更好一些。 如果预算充足，建议做如下配置： （1）电脑CPU建议选择i5系列以上的，最好是i7处理器。 （2）台式电脑一定要配置大主板的，主板上有空余的PCI插槽，可用来插独立声卡。如果配了小主板的主机，就只能用外置声卡。 （3）最好选择独立显卡；显示器一般不低于20寸，选用有护眼功能的，避免长时间观看屏幕造成眼睛疲劳。笔记本电脑尽量选择14寸以上的。 电脑配置越高，费用也就越高。可根据费用预算情况，酌情进行配置

续表

设备类型	名称	描述
电子网络设备	手机支架	手机支架必不可少，推荐选用能升降高度的三脚架，便于携带，能够满足室内室外直播的需求。普通品牌的手机支架价格也都不高，一般几十元即可搞定
	电视	背景产品信息展示，通常位于主播身后，可以同步提供产品信息介绍，没条件或者产品不需要这种展现方式的可以不用
	LED屏	功能和电视一样，用来显示产品信息介绍，如果条件受限制，没有电视，就可以用LED屏代替
	耳机	为导演/导播提供现场声音监听的耳机，根据实际情况配置
	监视器	为主播、现场团队提供现场画面监听，一般就是LED屏幕，放在主播前方但是不会进入镜头，让主播可以实时看见自己的情况以便做出调整
	音效键盘	音效控制器，一般是运营在操控，可以酌情配置
	声卡	声卡可以让主播的声音更动听，有了声卡的帮助，主播在直播间还能够播放背景音乐，并进行一些搞笑的音效互动。采用声卡，还能让主播更省力气，因为即使手机离得较远，直播间的音量也不会变小，这都是声卡的功劳。 声卡建议选择大众熟知、普遍选用的主流品牌，尽量不要选择质量没有保证的山寨产品、廉价产品
	线路转换头	如果使用type-c接口的手机进行直播，将声卡连手机的时候还需要一个线路转换头
	专用网络	重要直播必须设置专线网络，以保证直播过程的顺畅，切记不要贪图便宜用劣质网络或者和其他的项目公用网络，一旦导致卡顿或者高延迟，会造成不可挽回的损失
	麦克风	麦克风分为动圈麦和电容麦两种，直播一般使用电容麦，当然，不同麦克风的适用场景也不同： （1）动圈麦尽管灵敏度低，拾音范围小，但优势在于不需要电源供电，适合户外直播、现场演唱使用。 （2）电容麦相对而言，音质清晰、灵敏度高，分为5V和48V，5V电容麦使用门槛和环境要求比较低，一般的手机声卡和电脑声卡可以直接使用，无须额外供电。48V电容麦需要额外提供电源，同时对使用环境要求较高，需要比较安静的环境，一般在室内直播或者录音棚内使用。 麦克风也建议选择质量有保障的主流品牌

续表

设备类型	名称	描述
电子网络设备	提词器	为主播提供产品讲解、流程等信息提示，有使用LED屏的，也有可以使用记事板，根据实际情况酌情配置
常规设备	桌椅	展示样品，用于主播休息，以及作为直播间的陈列点缀，不可或缺，根据实际情况，如直播间内大小、户型、颜色等合理选择配置
	产品展示架	陈列整理好的准备直播的样品，这个根据产品的行业特点选择，如食品用桌子、衣服用挂杆等
	道具架	道具统一放置的架子，方便随时取用，这没有统一标准，根据实际状况自行配置
	产品展示台	通常位于主播身前，用于放置并展示产品，说白了就是桌子，但是要注意形状、大小、颜色、造型要匹配产品的领域和行业特点
	插线板	为各类用电设备提供插电接口，一定要合理布置插电口，为相关设备提供电源保证，尽量选择大品牌、大厂家的产品，确保用电安全
	白板、马克笔	主播或场控书写、提示用
摄像设备	摄像机	直播间画面采集，一般的智能机都可以，有条件的可以使用专业镜头连接电脑，会更清晰
	摄像机支架	固定手机或者镜头，避免晃动，这个非常重要，无论是手机还是摄像镜头，如果是在室内，一定要配置一个质量好一些的摄像机支架
	采集卡	采集摄像机信号并转换辑出给推流电脑，如果是小直播间或者个人直播，没有电脑中控或者操盘需求，则不需要采集卡
	导播台	切换不同摄像机机位，为推流电脑输出不同画面，小直播间或者个人直播，一般不需要导播台
	云台	就是手持外派或者运动动态拍摄时，保持手机或者摄像机稳定的专业设备，如果有外派或者运动拍摄的需求，建议配置云台

续表

设备类型	名称	描述
灯光设备	环境灯	主要起照明的作用，用来维持整个直播间的亮度，一般是直播间的顶灯或者LED灯
	补光灯	补光灯起到的是美颜的效果，可让主播的皮肤看起来细腻有光泽，一般采用圆圈补光灯，既能补光又能柔光。另外，有些手机支架也带有补光灯，如果要求不高，也可以满足补光需求
	美颜灯	给主播脸部的局部特写补充光线，让直播时主播的状态更明亮自然，更容易体现主播个人的特征
	辅助背景灯	主要起辅助作用，可以让主播脸部和产品所受到的灯光保持均匀，光线柔和，给观众舒适的视觉感受。通常安装在主播身后的背景上，用上背景灯后，直播间的明暗对比画面会更加立体
	球形灯/日光灯	为整个直播间的环境补充光线，让直播间更明亮自然，增加光线整体量，让直播间的色彩明快明亮

硬件设备的配置，依据的准绳同样是适合就好。

3. 脚本设计：内容覆盖直播全流程

脚本，原指表演戏剧、拍摄电影等所依据的底本或书稿的底本。直播脚本，简单来讲，可以理解为直播带货的剧本。

一场成功的直播离不开一个设计严谨、逻辑严密、条理清晰的脚本。有脚本指导的直播带货活动才能有头有尾，有开篇、有高潮。直播脚本就像电影的大纲一样，让直播活动有了一个统一的规划，能让整场直播活动有条不紊地推进，可以让主播有效把控直播的节奏、规范流程，达到预期的目标，让直播效益最大化。

同时，设计合理的脚本，也可以有效减少直播过程中的突发情况，避免直播中断、冷场、主播尬聊等意外情况。

因此，直播脚本设计是一个不容忽视的关键环节。

（1）脚本的核心作用

在了解直播脚本怎么写之前，首先要明确直播脚本的4个核心要素。

第一，明确直播主题。

明确直播主题即确定本场直播的目的是什么，是回馈粉丝、新品上市还是大型促销活动。

明确直播的目的，就是让粉丝明白他们在直播间能看到什么、获得什么、享受到什么福利和优惠，提前勾起粉丝兴趣。

第二，把控直播节奏、梳理直播流程。

一份合格的直播脚本通常要具体到分钟，应十分细致而具体，确保所有环节无遗漏。

第三，调度直播分工。

对主播、助播、场控、运营等所有参与直播的工作人员的动作、行为、话术做出指导，包括直播参与人员的分工，比如主播负责引导观众、介绍产品、解释活动规则，助理负责现场互动、回复问题、发送优惠信息等，后台客服负责修改产品价格、与粉丝沟通、转化订单等。

第四，控制直播预算。

单场直播成本控制，中小主播、商家可能预算有限，脚本中可以提前设计能承受的优惠券面额或者秒杀活动，以及赠品支出情况等。

（2）脚本的两种类型

脚本可以分为商品脚本、活动脚本、销售套路脚本、关注话术脚本、评论整理脚本、控评话术脚本等。

从总体上看，直播脚本实际分为两大类，一类是单品脚本，另一类是整场脚本。

第一，单品脚本。

单品脚本，即关于直播间单个待销产品的脚本。单品脚本通常包括商品的基本特征、出品方、卖点和利益点、优惠折扣方式等。

单品脚本要让主播能够在短时间内简单直接地向直播间用户描述清楚产品的基本情况和卖点，说服消费者下单购买。

单品脚本建议以表格的形式呈现出来，这样能把产品的卖点和利益点非常清晰地体现出来（见表6-3）。

表6-3　单品脚本

产品介绍	品牌、款式、面料等
利益点	折扣价、最低价、买一送一、包邮
引导转化	限时限量
	对自己好一些

续表

直播间关注点	关注主播、关注店铺
	分享直播间
	点赞
	下单

第二，整场脚本。

整场脚本贯穿直播带货活动的全流程，是对直播活动的一个总体规划和安排。其内容主要包括以下几个方面。

①开场互动。

直播开启后，主播首先要同直播间粉丝打招呼，进行初步的互动，需要借助开场互动脚本。

②货品介绍。

主播对直播间货品情况进行一个大致的介绍，如产品类型、数量、优惠措施等，吸引粉丝持续观看直播。

③单品介绍。

单品介绍即逐个介绍商品，描述商品的卖点和特色，爆品和特色商品要穿插在各个商品之间，重量级的商品介绍往往放在最后。

④激励环节。

激励环节即通过抽奖、赠品、红包等福利方式回馈直播间粉丝。

⑤直播预告。

在直播即将结束时，给出下场直播的预告信息。

以一场时长为4小时的直播带货为例，整场脚本流程应涵盖如下内容（见表6-4）。

表6-4 整场脚本

时间节点	直播内容
开播第一分钟	迅速进入直播状态，主播同粉丝打招呼，签到环节
第2～5分钟	主播边与粉丝互动，边着重介绍本场直播的几个爆款商品，建议粉丝签到打卡参与抽奖
第6～10分钟	简要介绍本场直播的新款商品和主推款商品
第11～30分钟	将所有进入直播间的产品简要过一遍，除重点爆款商品可以稍作重点推荐外，其他商品不作过多停留。该过程要严格按照脚本走，主播不要看粉丝留言，也不要跟着粉丝的节奏走
开播半小时后	正式逐个介绍产品，每个商品大致讲解5分钟，适当地根据粉丝呼声和需求来进行重点讲解
直播中	根据直播间在线人数和商品的转化销售数据，主播要进行重点演绎的调整
最后半小时	对最受欢迎的商品进行返场讲解，对热门商品进行清零
最后五分钟	主播透露下场直播的主打商品，助理主播可穿插回答粉丝问题
最后一分钟	提醒直播间观众关注主播，预告下场直播的详细时间以及粉丝福利等信息

总体来说，一份优秀的直播脚本一定会充分考虑到直播各个流程的细节，可以让主播在直播开启的时候有条不紊，有本可依，而不是让主播处处随机发挥。直播脚本也不是一成不变的，它需要经过不断的实战演练，经过不断的复盘分析，进行持续的优化调整，让主播在直播间越来越得心应手。

4. 直播话术：服饰直播话术基础知识

话术准备是基于直播间服饰产品的直播话术，也是一名服饰产品主播所需掌握的基础知识、需要具备的基本素养，它们是直播间实战话术的根基。

直播间产品通常有引流款产品、爆款产品、利润款产品，不同定位的产品话术公式和话术重心各不相同，可按下列模板进行。

第一，引流款产品。

引流款产品，即吸引粉丝的福利产品，其话术公式见表6-5。

表6-5　引流款产品话术公式

侧重点	百分比	详情
产品概述	10%	概述产品基本信息、市场反响程度、库存、适用场景/人群等，引出后面的产品介绍
卖点介绍	20%	阐述产品的材质或技术上的卖点，让直播间粉丝有种“用得上，值得买”的感觉
场景营造	30%	主播/模特儿展示产品不同搭配下的上身效果、适用场景以及适合人群，让粉丝对号入座，激发购买需求
福利优惠	40%	最后通过福利放送、折扣、优惠券、库存量等方式不停刺激粉丝。让粉丝产生“真的很实惠，不买是不是亏了”的心理感受，尽快下单抢购

第二，爆款产品。

适用于辨识度较高且在市面上有一定热度的产品，通常有明星/品牌背书，价格方面不一定有优惠，但是数量有限。主播在讲解的过程中，有明星做背书的会强调xxx同款，若没有则强调市面的火爆以及难以购买的程度，指出“数量有限，抓紧购买”。爆款产品话术公式如下（见表6-6）。

表6-6　爆款产品话术公式

侧重点	百分比	详情
产品导入	5%	向直播间受众强调此产品在市面上的火爆程度，从一开始就引导观众不容错过此款式。 对具有一定知名度的产品可直接报产品名。如果产品自身缺乏名气，但有明星背书或者想打造成爆款产品，主播可以告诉观众，这款产品有多火爆。如：“你知道我们拿到这款品下了多大功夫吗？”“一定要抢到，不抢会后悔！”
卖点介绍	40%～50%	展示产品独特卖点的同时继续穿插“库存量、火爆程度”等具有“刺激消费者购买”的内容；如果产品知名度高，消费者已经非常了解，前往直播间只是为了抢货，对于产品特点的部分可以相应减少；如果品牌知名度不高，产品知名度相对低，或者产品品质、市场反响好，想要打造爆款产品，则可以在产品特点介绍部分加大篇幅，让粉丝了解产品的特点和卖点
引导下单	45%～55%	依据产品自身活动情况引导用户下单，在此过程中可以穿插库存量的变动，营造出紧张感，加快成交速度

第三，利润款产品。

利润款产品是主播、商家获利的关键，可将自家产品与市面上同品类产品进行对比，在讲解的过程中更加注重产品的独特性，将产品的特点、适合人群着重点出，能更好地让粉丝对号入座。其话术公式如表6-7所示。

表6-7　利润款产品话术公式

侧重点	百分比	详情
场景营造	5%	结合产品特点，模拟产品使用场景，指出对应的适合人群，让直播间粉丝“对号入座”，激发粉丝需求

续表

侧重点	百分比	详情
卖点介绍	30%	主播阐述产品的材质或技术上的卖点，并现场向镜头展示，分享上身体验效果，介绍细节特点。介绍产品卖点时，可以从以下几个方面发散： 第一，产品设计。为什么这么设计，能带来什么样的感觉——前面相对后面短一些。如果你对自己的臀型不是那么自信的话，可以用它来遮住你的屁股；侧面的小开口，手直接插在口袋里面也很方便。 第二，产品材质。适合在什么样的场景穿——里面也是微微加绒的，所以无论你现在穿还是开春的时候穿都可以；还可以穿它去滑雪，外面再穿个羽绒服，超好看。 第三，领子/帽子/袖子是什么样的，穿上有什么样的感觉——袖子这边有个撞色的logo，让你整体看起来会比较偏时髦和年轻
搭配推荐	20%	通过直播间现场试穿，展示多种搭配的方式，实现“一衣多穿”的效果，增强产品的实用性，激发粉丝购买欲望
福利优惠	15%	通过强互动、福利放送、福利折扣预告、爆款新品预告等引导粉丝下单购买
卖点强调	15%	常用在产品链接上架之后，等待粉丝购买期间，需要多次重复重要卖点，并说明自家产品优势，不断对粉丝进行卖点暗示，加大逼单的力度，确保利润款产品的销量

5. 直播筹备：做好直播带货的前期准备工作

在严格意义上讲，前文所介绍的直播团队搭建、直播硬件准备、直播脚本编写、直播话术设计等工作都属于直播带货的前期准备工作。此处所讲的直播筹备是指直播带货开启前的临场准备工作。

一场成功的直播带货，需要直播团队做很多细微的临场准备工作，比如布置直播间，检查网络和相关设备的稳定性，主播熟悉产品及脚本，准备好待播产品等。所有直播间用到的东西都要提前准备、布置好，千万不要等到直播开始，还在手忙脚乱地找东西，否则不仅会打乱直播节奏，而且容易给粉丝留下不专业的印象。

（1）布置直播间

布置直播间主要是指准备直播场地、布置直播设备、设计灯光等工作。

第一，准备直播场地。

直播场地是直播活动最底层的基础设施，必不可少，最好选择一个宽敞明亮、安静无杂音、有浅色背景墙的场所。作为直播间，要确保观众看到的镜头是清晰的，且不受杂音干扰。

如果是品牌产品或专场产品直播，通常还需要在直播间制作专门的背景墙，以突出主题，强化品牌，让进入直播间的观众对产品信息一目了然。

第二，布置灯光。

根据前期准备的相应灯光设施，将之合理布置在直播间各处，以确保直播间的照明、采光，使直播间和主播以最佳状态呈现在观众面前。有条件的主播团队可以请专业灯光师进行灯光布置的指导，以达到最佳灯光效果。

布置直播间灯光可遵循“蝴蝶光”原则，这是美国好莱坞电影厂早期在影片或者剧照中拍女性影星惯用的布光法，也有“美人光”之称。这种光线会在主播鼻子的下方形成一个蝴蝶状的阴影效果。蝴蝶光不仅漂亮而且讨人喜欢，会让主播脸形显得瘦小。

蝴蝶光灯位布置要点有以下几个。

①主光源在镜头轴上方由上向下45° 方向投射在人物的面部。

②调整好主光与模特儿的距离。

③在鼻子的下方投射出阴影，阴影似蝴蝶的形状，使人物面部有一定的层次感。

④灯位高度正常，或者偏高时，阴影的角度是向下的，同时会对被摄者——一般是女性的脸颊产生一定的阴影，会显得脸颊更瘦；而如果灯位过低，就会导致脸颊两侧的阴影减少，进而拍出大饼脸的效果，应予以避免。

第三，布置机位。

机位即直播手机的摆放位置，既要考虑方便主播工作，能够舒适、方便地看到手机屏幕上的留言，以确保及时和粉丝互动，也要考虑粉丝的观看需求，不要让粉丝产生距离感，不要太远。另外，还要结合直播间出镜人数来设置机位，建议直播间同时出镜人数不超过3人，以2人为最佳，否则会显得拥挤，影响观看效果。

第四，布置背景墙。

不同类型的带货主播，直播间的背景风格是不一样的。

服饰产品直播可以将直播间布置成服装店、批发档口、工厂仓库的样子，摆上几排挂满衣服的衣架，主播站在镜头前面直播。也可以直接放置一块背景板屏幕，根据带货产品的不同，随时切换画面。

第五，准备BGM（背景音乐）。

BGM是直播间必不可少的元素，要提前准备好一些适合直播间各种情景播放的BGM，比如唱歌时的伴奏、鼓掌/欢呼等音效包、跟人PK时紧张刺激的背景音乐、跟大家放松聊天时的背景音乐等。主播团队应了解当下的流行音乐和歌曲，提前准备好BGM素材库。

（2）主播准备

主播是整场直播的焦点和直播间的核心，需要做大量的准备工作。

第一，熟悉脚本。

主播在直播前要熟悉直播脚本，对每一个环节要干什么都做到心中有数，这样主播在直播的时候才能按脚本有条不紊地推进，才能言之有物，避免冷场。同时直播团队其他成员如副播、助理、场控等人员也应熟悉直播脚本，尤其是涉及本人职责的部分。

第二，熟悉产品。

带货主播包括主播团队在开播前最重要的工作就是提前了解产品信息，进行产品试用，这样在正式直播的时候才能做到有理有据地展示所有的产品卖点，增加粉丝的信任度。有很多带货“翻车”的主播都是因为没有提前做好产品功课，导致品牌方、平台方、主播、观众四方受损，得不偿失。

①了解直播带货产品的基础信息：品牌名、品牌背景文化、品牌大事件等。

②根据直播带货产品的基础信息整理直播带货时的话术素材，了解直播带货产品的作用、功能、针对方向、归属品类、使用方法、主要针对人群等。

了解直播带货产品的卖点：产品特性、产品亮点，区别于同类产品的特性。

③直播前需要对直播带货产品进行测试和试用，记录试用感受、功效，总结话术。

④测品过程中，至少保留一件完整的样品，便于在直播带货时向粉丝展示详解。

根据测试感受为产品提炼上口、好记的关键词、关键短句，在展示该产品时不断重复。

⑤设计并熟知产品的优惠措施（了解直播产品的日常价，直播间特卖

价），并整理直播间价格和日常价的区别。

第三，主播化妆。

开播前一个小时，根据主播设定的人设开始化妆，画好后根据摄像头里自己的效果再补妆。主播的造型和妆容要多样化，以提升直播间的观感。

第四，确定团队分工。

确定好直播团队人员人数及分工，包括主播、副播、助理、场控、中控、客服、运营等，明确每个人负责哪一个部分，提前做好安排与准备工作。

（三）直播测试

在正式直播开始前，团队相关人员可提前进行如下测试，以确保正式启动后的直播效果。

第一，做好光线测试。

如果在室内直播，应打开所有直播照明灯，测试灯光效果以及外部环境光线对直播间的影响；如果是室外直播，还应确保直播光线的柔和度，避免太强和太暗的光照环境。

第二，对焦和曝光测试。

对手机、相机等直播设备进行对焦和曝光调试，确保直播画面清晰、舒适。

第三，横屏和公告测试。

测试手机横屏直播观看效果，准备好直播公告，以便在直播开启时第一时间予以发布。

第四，美颜设置测试。

可根据主播个人特征和直播活动的定位进行美颜设置及定位，可测试当下常用的美颜软件，选择最适合主播（团队）的一款。

第五，声音测试。

确保直播间、直播场所有一个安静的环境。对于户外直播场所，还要做噪声测试和相关设备的降噪效果测试，以确保主播的声音不受太大干扰。

另外，还要准备好一些符合直播间的音乐、歌单，以便在直播过程中穿插播放，用来承上启下，烘托氛围。

第六，网络测试。

直播过程中最忌出现网络卡顿，这会让粉丝直接失去耐心而离开直播间。直播前要做好相应网络设施的使用和测试，确保不出意外。

对于新手主播，在正式直播开始前，还可以酌情进行直播彩排，或先用小号进行试播，等多播几场，拥有丰富的直播经验之后，这一环节就可以省略。

6. 宣传预热：吸引更多粉丝关注直播

直播之前的宣传预热是一个必需的环节。通过宣传预热，对目标客户群进行精准触达，提前给直播间造势，为直播间引流。

我们看到不仅仅是普通主播，即使是一些头部主播也非常重视直播前的宣传预热活动，比如罗永浩就经常在个人微博转发这样的直播预告信息：“交个朋友：罗永浩直播带货。iPhone 13现货发售，5种颜色都有，稀缺的蓝色也有，官网都排到11月份啦，还不赶紧在直播间下单！”

在这个分众时代，如果不提前对粉丝进行精准预告、精准传播，顶流主播的直播间也会遭遇流量荒。

直播预热方式主要有文案预热和短视频预热。

第一，文案预热。

文案预热，即将直播活动的宣传文案，通过朋友圈、微博、视频号、公众号等渠道进行发布。一篇好的直播宣传文案应包含以下要素：主播信息、商品信息、优惠信息。

需要注意的是，文案一定要精简易懂，不要长篇大论。

第二，短视频预热。

短视频预热是最直观、最有效的一种直播预告方式，可在短视频中插入直播时间和直播内容，让粉丝了解开播时间，如同文案预热一样，也可以在短视频中设置一些悬念信息，可以是价格悬念，也可以是商品悬念，还可以是主播悬念，激发起粉丝的好奇心。预热短视频的类型有以下几种（见表6-8）。

表6-8　短视频预热类型

类型	详情
纯预告视频	纯预告视频要涵盖直播带货活动的基本信息，包括主播信息、产品信息、优惠信息和粉丝福利等
短视频植入预告	可在主播的短视频账号发布的日常短视频中植入相应的直播带货信息，内容要简短、直接，包含卖点和悬念，要有一定的吸引力。 植入性预告最好设置在视频最后，定格直播预告海报，直观地告诉粉丝开播时间和主要内容
直播片段视频	可以专门拍摄一些类似影视剧花絮的直播片段视频，将即将呈现在直播间的产品、主播、嘉宾以及其他有趣的、好玩的信息制作成直播预告片段，为正式直播活动引流造势

通常可以在开播前的2～3小时发布预热小视频，通过视频标题和贴纸告诉粉丝直播的时间。

例如，雷军在抖音的首次直播，就提前连续发布了好几个预告视频，内容除了搞笑的Are you ok的梗之外，也直接说明粉丝可以享受到哪些福利。

预热文案或短视频制作、发布时，可借助以下技巧。

（1）凸显福利优惠

很多情况下，消费者之所以购买产品，并不是因为产品有多便宜，而是因为他们感觉占到了便宜。用户为什么会进入直播间，在很大程度上是因为想享受到优惠，想获得一定的福利。

直播带货预热文案一定要直接点明直播间的优惠力度和福利措施，这样利用大众消费者普遍爱占便宜的心理，使他们感觉到进入直播间有便宜可占，往直播间导流的效果才能出来。

比如“塑身裤原价299元，12月1日直播间零点秒杀99元”等类似文案。

（2）借助名人效应

如果直播间有名人、明星加持，凭借其自带流量的光环，就可以给直播间进行高效导流。比如，一些头部网红主播经常会邀请明星加入直播间。如果有名人空降直播间，宣传文案或视频就可以附带名人的姓名，并添加一些直播的亮点，宣传效应自然理想。

对于那些没有明星资源或请不起明星的直播间，也可以充分借势名人。例如，直播的产品如果有明星同款或是明星代言的产品，都可以大胆体现在宣传文案上，并附带相关热门话题，内容将会获得更多的曝光度和流量。

比如："某某同款，惊喜福利送不停""一折起抢国际大牌，某某代言"等类似文案。

（3）转发抽奖，提升参与度

不管渠道粉丝有多少，预告宣传能够实现裂变效果才是我们的最终目的。如何才能实现裂变效果？激励粉丝转发是关键。所以，我们可以借助一些平台的互动抽奖方式，让文案可以传播得更快。

比如在微博、公众号发布的直播带货预告文案中，提前放送福利，号召大家一起进行有奖转发宣传。比如，关注+转发/在这篇文章下留言，抽1人送iPhone 12，末尾再次提醒直播时间。又如，转发有机会被抽取送红包、大额抵用券、电脑等惊喜福利。

当然，奖品的设置要量力而行，既要考虑预算，又要考虑对粉丝的刺激度。即奖品既不可太昂贵，超出预算，也不可太鸡肋，根本激发不起粉丝的参与兴趣。

（4）个人主页文案预告

抖音、快手等自媒体账号的个人昵称、主页简介等是最好的直播预告的公告板。

在重要的直播活动前5天，就要及时修改相关信息，让用户和观众能够对直播活动一目了然。

比如，将昵称修改为“名字+每晚直播时间”，这种方式可以让新老粉丝直接通过账号信息了解主播的直播习惯。这种方式更多适用于上架固定商品的商家或者商品品类比较单一的商家。

（5）站外分享和宣传

可在其他社区平台分享直播时间和内容，包括微博、朋友圈、QQ空间、微信公众号、微信群、QQ群、社群、小红书等一切可用的宣传窗口，尽可能地吸引观众进入直播间。

还可以选择一些相关平台进行合作，利用第三方平台宣传。例如，我们做服饰产品，可以和服饰相关的平台合作，通过他们的宣传吸引更多观众进入直播间。

从时间节点上，我们可以借鉴以下宣传三部曲：

第一步，提前3～5天在会员社群传播预热。

第二步，提前1～2天在公众号推文宣传。

第三步，开播后在社群再次分享邀约。

（6）开启同城定位

开启同城定位功能，可以吸引更多同城粉丝进入直播间。

（7）进行付费宣传

除通过以上免费的预热方式往直播间导流外，有条件的主播还可以尝试付费推广，高效地为直播间吸引更多的精准流量。

另外，还可以根据直播平台的具体情况，购买直播推广来为直播间预热引流。比如，在开播前发布多个短视频，并找出数据突出的视频，付费投放抖+，为直播进行宣传引流。点进来的一般都是新用户，引流效果更好。

（8）进入大号直播间评论

对于新手主播、小主播，在没有足够粉丝的情况下，也可以进入直播大号聊天室，可以经常性地做出回答，实时互动，引起关注。

适当的时候我们可以给大主播送点儿礼物，刷刷存在感，向名人提问，寻求答案，实现宣传引流的目的。

以上宣传预热组合拳打出之后，如何进行效果评估呢？可通过线上浏览情况来判断，比如自播视频+投放平台的浏览量决定了有多少人获悉了直播信息，根据以往的转化数据，大致能得出进入直播间的观众人数和购买人数。

此外，短视频的评论、转发互动情况也会同直播带货情况成正比。

第七章

带货实战：直播带货的实施全流程

【本章关键问题】

· 如何开场才能快速调动直播间气氛？

· 主播应如何避免冷场和尬聊？

· 直播间的留人术有哪些？

· 场控人员如何掌控直播节奏？

· 如何向粉丝讲解产品卖点？

· 高效换装，快速过款的秘诀是什么？

1. 主播开场，合理调动气氛

好的开场是成功的一半。对于没有直播经验的新人来说，直播的开场就能把他们难住。而一场直播开场是否成功，主播的话术有没有价值，会在很大程度上影响观众在直播间的停留时长，进而决定后台的流量分配机制。

所以，搞清楚直播带货开场的方法非常重要，在直播开始时，如何开场最能考验主播的综合素养与能力。

（1）自我介绍

直播活动开始后，主播要用极简语言，简明扼要地做一下自我介绍，介绍要包含以下四个方面的信息：

①我是谁？

②我要干什么？（什么主题的直播活动？直播间有哪些商品？商品有什么特色？）

③直播间有什么优惠、福利？粉丝能得到什么好处？

④销售引导与参与指令。

开场白一般不超过1分钟，比如："欢迎进来的宝宝们，这是×××的直播间，今天我们所有的货都是×××直供，都是厂家一手价，没有中间商，品质有保障，数量有限，需要的宝宝们抓紧下单！"

按照以上自我介绍逻辑，就可以这样开场：

欢迎新进来的姐妹们，我们家是做了二十多年的高端女装档口。（我是谁）

今天直播给大家准备了十几个福利款产品，非常合适。（我要干什么）

来，第一个直接看这件打底衫啊，我拿货是30多（元）的，今天不要

你奶茶钱，不要你打车钱，你给我个邮费，我直接发货好不好？（给什么福利）

爱心图标点到5万的话，我们上这款打底衫好不好？（活动指令）

这个拿回去贴身穿，纯棉面料，非常舒服，而且百搭，外面89（元）、99（元）的产品都比不上这一款，现在你只需要付邮费钱就可以拥有它。（强调福利）

有没有支持我们家活动的宝宝？把支持两个字打出来好不好？支持都没有亮灯牌吗？来，小助理教一下怎么亮灯牌！（活动指令和引导）

这就是一个比较直接且目标非常明确的直播带货开场白话术。

（2）引导粉丝关注

增粉涨粉是主播直播的一个重要目的，因此，主播在自我介绍的同时，还要积极引导粉丝关注主播。关注量是一个衡量主播价值的重要指标，会直接影响平台对直播间的推荐系数。

因此，通过开场白除了让大家知道你的直播间是干什么的、能得到什么之外，还需要在直播过程中做关注引导，让点进直播间的用户能够留下来。怎么引导呢？可以通过下面这几种方式。

第一，引导点关注："新进来的宝宝点点关注哈，这里是×××直播间。"

第二，引导点赞："来，姐妹们帮我把赞点到10万，每10万赞有×××活动。"

第三，引导转发："点完赞的宝宝记得转发一下直播间，转发的宝宝截图联系小助理，会给大家送上一份精美的礼品。"

第四，引导点击购物车："今天的产品都在下方购物车里，宝宝们点击进去就能看到，全场买一送一哈。"

（3）引导粉丝参与互动，调动直播间氛围

开场的一个核心目的是充分调动直播间的氛围，主播需要尽量让粉丝参与互动，即使只是刷个弹幕，都是对主播的一种支持，也是对活跃直播间的一份贡献。

因此，主播在开场时，除自我介绍和引导关注外，还要借助各种技巧鼓励粉丝参与直播间互动，比如：

①刚进直播间的是美女还是帅哥呢？刷刷弹幕让我看到你哦。

②新进来的粉丝点点赞，每1万赞有抽奖活动哦。

③点完赞的宝宝们别忘了转发一下我的直播间，转发的宝宝截图联系小助理，我们会抽取一些幸运粉丝，送上一份精美礼品。

④直播间的商品都在屏幕下方的购物车里，宝宝们可进去查看一下，看有没有自己需要的商品。

（4）预留惊喜

进入直播间的用户大多是匆匆路过的看客，跳出率非常高，一旦主播满足不了他们的期待，激不起他们的兴趣，这些路人就会跳出直播间。

因此，主播要适当地预留一些惊喜，比如告诉进入直播间的用户，后面还有爆款产品，还有更大的促销折扣，还有诸多福利抽奖活动，给大家一个期待，越往后看，越有惊喜，越有福利。这样，直播间才能留住更多的人。

（5）开场白五要素

好的开场白要满足以下要点。

第一，主播有热情。

主播一定要有热情，要凭借感染力在第一时间吸引住用户，尤其要在语言上体现出来。试想一下，如果你刷到两个直播间，一个很有激情，很亢奋，主播有各种肢体语言，外加搞笑段子，另一个慢悠悠，不带任何节奏地

讲解，你会选哪个?

通常，激情四射的主播语速都较快，一般在每分钟200字以上，当然，前提是表达要清晰。

第二，有配合。

在直播间，一定要配备几个副播或助理，你一句我一句，就能把直播间的氛围烘托起来，给粉丝一种“紧迫感”。

第三，发福利。

一个优秀的主播，不光会给用户介绍产品，还要会“给好处”，这样才能留住人。例如，点赞量到多少、亲密度达到多少，就可以安排一波抽奖。

第四，传达产品信息。

主播就是线上导购员。因此，我们必须在开场后尽可能短的时间内将产品信息精准传达给受众，比如用户关心的品牌、价格、款式、材质、穿搭潮流、发货时间和售后保障等。

第五，刺激下单。

直播带货开场白、直播带货话术，最终都只有一个目的——转化下单。因此，时刻不要忘了销售引导。

（6）开场话术模板

下面分享一些服饰产品主播们使用率很高的直播开场话术，供大家参考：

①欢迎大家来到宝宝的直播间，喜欢主播的点个关注哦!

②欢迎大家来到我的直播间，今天给大家送福利了，全场服装两件五折，超多好物享受秒杀福利，赶紧点点关注，锁定直播间吧!

③欢迎大家来到我的直播间，废话不多说，先来一波抽奖。点点关注，抓紧参与吧!

④欢迎宝宝们来到我的直播间，点关注、不迷路，一言不合刷礼物，么么哒!

⑤欢迎宝宝们来到我的直播间，我是直播新人，希望宝宝们能多多支持，多多捧场哦。

⑥今天，我要给大家分享一些我珍藏了好久的宝贝，都是我亲自试用过的好物，更有超大优惠券福利，千万不要错过哦！

⑦直播间的粉丝宝宝们，12点整的时候我们就可以抽免单了哦！还没有点关注的宝宝在上方点个关注，还可以去找我们的客服小姐姐去领10元优惠券。

⑧欢迎各位帅哥美女进入我的直播间，刚进来的是美女还是帅哥呢？刷刷弹幕让我看到你哦！

⑨欢迎来到×××直播间，喜欢主播的可以点赞+关注哦，爱你们!

⑩宝宝们抓紧时间邀请朋友进入直播间了，满200个粉丝的时候，我们来一波福利好不好?

⑪来来来，啥也不说了，直接上好货了！产品好不好，看了才知道！

⑫今天，我要给大家分享一些具有超高性价比的产品，来来来，拿上来！

2. 避免冷场的直播间聊天技术

直播带货有两大忌：冷场和尬聊。

这两种情况恰恰是新人主播最容易出现的，因为新人主播的直播间通常流量较少、人气不高，容易导致主播的尬聊和直播间冷场。

排除掉客观因素以及主播性格和表达能力方面的因素，直播间之所以出现冷场，在很多情况下是因为主播经验不够丰富，不知道如何同粉丝互动，缺乏互动技巧。

直播间就是主播和粉丝沟通互动最重要的桥梁，主播要适应直播间的节奏，借助各种方法调动现场气氛，处变不惊，保持直播进程的流畅性、一惯性。

（1）表情动作要丰富

很多新手主播在直播间容易犯错的一点是：表情动作僵硬，不够丰富。这也是许多新手主播直播间氛围不够活跃、容易冷场的重要原因之一。因为主播的直播习惯、表情动作和气场会在无形中影响直播间观众，导致大家的回应也不够积极、主动，整个直播间也就如一潭死水一般。

除了科班出身的主播，大部分半路出家的新手主播刚开始面对摄像头时都会有紧张感，表情僵硬，不知所措。主播克服表情僵硬的第一步是，要接受这一事实，大胆地向直播间粉丝坦诚自己的经验不足和窘境，相信大家都能理解。

只要主播突破了这一层心理障碍，坦然面对问题，那么表情僵硬的难题就已经化解了一半，剩下的就是多做练习，注意时刻调整调动自己的表情动作，使之越来越灵活，越来越丰富，越来越放松，越来越游刃有余，直到习惯成自然。

（2）善用连麦增加人气

新人主播如何避免冷场和尬聊？同其他主播连麦是一个有效的选择。起初，可以选择同自己情况差不多的主播连麦，大家互相捧场，活跃直播间气氛，这样能实现双方粉丝的共享与导流。等积累到一定人气之后，就可以尝试同一些网红大主播连麦，同其他主播PK。PK的结果其实并不太重要，甚至，输掉PK的一方还更容易引起双方粉丝的同情与关照，因为人们都有同情弱者、失败者的心理。

总之，PK的结果不重要，过程才重要，要时刻牢记连麦PK的目的。

（3）时刻关注直播间弹幕

新人主播如果不知道在直播间聊什么，或者准备的话术都已用尽，还有一个有效避免冷场的技巧，就是随时关注直播间弹幕区，看直播间观众都在聊什么话题、在提什么问题，从中筛选出一些有代表性的话题给予解答，进行互动。

甚至可以盯住弹幕区不放，逐个阅读直播间粉丝的回复，即使不做解答，也能避免自己冷场，同时还能让参与回复的粉丝产生一种被尊重感，激励他们进一步参与互动。

对于一些有“料”的回复，又恰好在自己的解答能力范围之内，那么，主播就完全可以借“题”发挥，这样可以保证直播间不断有新的话题，也可以提高粉丝在直播间的存在感和参与度。当然，在做互动和话题引申的时候，主播要时刻牢记直播带货的最终使命，要适时往带货和销售上引导。

如果直播间弹幕较少，主播可以提前安排一些忠实粉丝、亲朋好友，或者直播团队的其他成员积极参与直播间讨论和回复，带动气氛。这样能促进主播迅速进入状态。

（4）做好团队配合

主播团队之间要做好紧密协调配合，尤其是副播或助理要随时关注主播状态，在其出现停顿或冷场迹象时，及时补漏，适时顶上去，带好节奏，进行必要的气氛烘托，做一些恰到好处的讲解，避免出现冷场和纰漏。

话说回来，新人主播一般团队规模也较小，但只要直播间还有其他工作人员在，这些人都要随时关注主播的状态，在关键时刻帮助主播圆场。

（5）学会主动带节奏

一个优秀的带货主播要有节奏感，在适当的时机和节点要善于带节奏。例如，有经验的带货主播在直播中会经常呼吁粉丝，走一波“666”或者是扣一波小“1”等。当有一个人发出来以后，在直播间内就形成了一阵“气候”，这种方式屡试不爽，不仅有利于避免冷场，提升粉丝参与度，更有利于直播卖货系统内主播将粉丝往下单的方向引导。

（6）多积累小段子

粉丝在直播间除了了解产品信息，还希望听到一些有趣的事情。因此，如果主播在直播过程中表现得诙谐幽默，段子非常多的话，那么很容易引起粉丝的好感。但并不是所有主播都是段子手。主播可以平时多积累，在直播的时候试着讲一下。这也是缓解冷场尴尬的一个好办法，可能开始的时候会比较生硬，因为不是所有的主播都具有幽默感，但是熟能生巧，建议主播平时要多看、多学、多练，最好背下来，直播的时候才能自然地表达出来。

（7）时刻不忘讲解产品

主播在直播带货时，时刻不能忘记自己的核心目的——销售产品，也不能脱离该主题。当没有其他话题可以互动时，不妨回到产品本身上，根据提前了解的脚本和掌握的产品信息多聊一些有关产品的话题，这样可以丰富主播的谈话内容，避免出现冷场，同时也能提高成交率。

3. 掌握直播间的留人术，保持直播间热度

直播间开场话术只是万里长征的第一步，开场白说完了怎么办？主播要把进入直播间的第一波流量接住、稳住，如果这波流量能够沉淀下来，平台推荐系统就会继续给直播间推流，直播间的人气才能节节高。

直播开场后，主播还要继续借助各种话术和技巧，去互动、去涨粉、去引导转化，始终保持直播间的热度，这需要掌握一系列方法和技巧。

（1）互动留人

成功地开场将直播导入正轨之后，主播需要不断同直播间粉丝进行互动，一方面是为了调动直播间气氛，避免冷场；另一方面也有助于建立主播同粉丝之间的连接，吸引粉丝关注，并引导销售转化。

主播与粉丝互动可以有效带动直播间人气，互动越频繁，人气越高，推荐越多。互动性越强，粉丝停留时间越长，成交机会越多。

直播间互动可以分为两种。

第一，同产品相关内容的互动。

比如粉丝关心的产品的颜色、尺码、适合人群、发货时间等。此类互动，需要主播做到：耐心+细心。因为进直播间的人群是随机的，有人进有人出，主播可能回答了前面粉丝的问题，但后面进来的粉丝对同样的问题仍然不清楚，所以好的主播需要保持良好的耐心，不但要不厌其烦地为粉丝解答同样的问题，而且要持续保持热情，让粉丝感受到自己的真诚。

第二，带动氛围的互动。

比如，“喜欢的在屏幕上扣1”，这样粉丝评论就刷起来了，让人感觉直播间气氛很火爆。

常见的直播间互动话术有：

①“喜欢这款产品的宝宝请扣1，让我看到你们的热情，热情越高我给的秒杀价越低！”

②“想看×号产品的刷1，想看××号产品的刷2。”

③“喜欢左手这一套衣服的刷1，喜欢右手这一套的刷2。”

④“×××的粉丝在不在？在的评论区刷×××！”

⑤“感谢××哥送的100个掌声，还没停吗？150个了，200个了，哇，炫迈牌的掌声完全停不下来！非常感谢。”

⑥“宝宝们，如果你们想要这款产品，把‘新粉’两个字打在公屏上面，没加入粉丝团的宝宝们没有参与资格哦。”

⑦“宝宝们，你们想不想要这款产品，想要这款产品的话，把‘想要’两个字打在公屏上面啊，我们现在开始计算有几个宝宝想要，我们就给到大家几个产品名额。”

⑧“来，宝宝们，我们现在要开启炸单活动了，在公屏上打666，我们现在开始9块9抽上衣。在线100人炸第一单，在线200人炸第二单，以此类推，在直播间的宝宝们千万不要离开，今天的福利是超乎想象的！”

（2）塑造产品价值

带货主播始终不要忘了自己的目的——销售产品。其实，大部分粉丝进入直播间的目的也是想买到适合自己的实惠产品。在进行直播间互动的同时，不要忘记向粉丝传达产品的价值所在，要善于塑造产品价值。

在产品价值塑造上，主播可借助FABE法则。FABE法则是由美国奥克拉荷马大学企业管理博士、中国台湾中兴大学商学院院长郭昆漠总结出来的销售法则。它通过四个关键环节，极为巧妙地处理好了消费者关心的问题，从而顺利地实现产品的销售。具体来说，它分为四个部分，分别是：Features（特征）、Advantages（优点）、Benefits（利益）、Evidence（证据）。

第一，Features（特征）。

F即产品的特质、特性、价格等最基本的特性，以及它是如何满足人们各种需求的。例如，“我们这件上衣是真丝材质的。”——真丝就是衣服的属性特征。

第二，Advantages（优点）。

A是由F所产生的优点，也就是F所列的商品特征究竟发挥了什么功能。“真丝服装有一个特点，就是非常柔软。”——柔软是真丝带来的优点。

第三，Benefits（利益）。

B代表A能带给消费者的利益，也就是能带给消费者的好处。“穿上去非常舒服，柔顺丝滑，很亲肤，而且面料超有质感，给人很高级的印象，我们试穿时都不想脱下来。”——舒服是带给消费者的利益。

第四，Evidence（证据）。

E代表证据（Evidence），用来证明之前所说的F、A、B是有事实依据的，不是凭空捏造出来的。“我说如果你们喜欢就每人留下一件吧，结果他们真的每人要了一件。”——这里采用的是顾客购买的证据。

把上面的话术连在一起就是：

主播们在介绍产品的时候可以借助FABE说服模板来设计话术，不仅有理有据，让直播间粉丝能够沉浸到主播的讲解中，更能起到留人之效，最大限度地激发他们的购买欲望。

（3）留人的三种话术

此外，主播在直播间还可以借助以下三种话术来留人。

第一，展示型话术。

主播在进行直播带货时，要尽可能具体地展示产品的质量和使用感受，让粉丝能够最直观地看到效果。产品展现得越好，粉丝的观看兴趣才越大，下单的概率才会更高。

某主播在进行口红试色时，对每一支口红的颜色，都能进行细致的表达，比如这是一种“给人很温柔、很春天、很新的感觉的颜色”这样的话术，给人一种身临其境的感觉，让人不知不觉就沉浸其中。

第二，信任型话术。

直播带货的一大缺点是粉丝无法触摸到商品，只能通过主播的描述来间接感知。因此，主播需要尽可能向粉丝传达产品带给人最真挚、最直接的感受，使粉丝如临现场一般，对产品产生信任感和购买兴趣。

通常，主播会用“自用款”“我也买了××”来为产品做担保，又或者“××我只推荐这一个品牌，其他品牌给我再多钱也不推”这一类话术来衬托产品，打消粉丝对产品的顾虑。

第三，专业型话术。

在推荐产品时，主播要能够从专业的角度出发，针对一个产品以及同类其他产品做讲解，并指导粉丝根据自己的情况选择产品。

比如服饰类直播带货，主播可以通过对某件服饰的专业搭配，以及服饰质量的专业讲解的话术，让粉丝从中学到服饰穿搭知识，通过输出价值来留人，进而说服粉丝下单购买。

4. 发挥场控作用，控制直播节奏

直播中，主播说了上句接不上下句，导致直播间冷场。

有人进入直播间，主播忙于讲解产品，来不及欢迎。

主播对产品不熟悉，现场试用、试穿“翻车”。

……

以上情况在直播间经常会发生，别说是新手直播间，即便是大牌主播的直播间也会出现各种意外情况，甚至“翻车”现象。

“Oh My God，这绝对是一款便宜又实用的不粘锅。”这是一场某主播的直播，助理在一旁用不粘锅现场演示煎鸡蛋，主播则不断配合描述这款不粘锅的优点。

就在主播口若悬河地推荐这口锅时，旁边助理煎的鸡蛋竟然粘锅了，且被直播间眼尖的粉丝一眼看穿。

场面一度极其尴尬，该主播不得不去拿起铲子救场，嘴里还在不停念叨“它是不会粘锅的”，而鸡蛋却纹丝不动地粘在锅上，粉丝们纷纷刷上回复，“垮了吧”。

这一次的不粘锅事件是直播中的“翻车”事故。

那么，如何避免此类直播过程中的“翻车”事件呢？这就要充分发挥场控的作用。

随着直播带货产业的日渐成熟，场控已经成为直播行业和直播团队中不可或缺的一个重要角色，即使某些直播团队没有专职的场控职位，也通常由副播、助理或运营担负场控职责。场控在直播带货中的重要性日渐突出，甚至有人指出，有些主播直播间的销量有一半以上是由场控创造的。

场控在直播中的职责和繁忙程度不亚于主播，要通过各种方式来调节、掌控直播节奏。

第一，流程辅助。

场控人员一定要提前熟悉直播脚本，熟悉直播流程，熟悉产品。例如，对于直播流程，要知悉商品的上场顺序，什么时间用来介绍商品，什么时间用来分享干货，什么时间用来抽奖，什么时间是粉丝互动环节。场控人员要结合主播的进度，随时关注总体直播流程，提示主播不要偏离大方向。

第二，调节气氛。

直播间的氛围直接影响粉丝的观看情绪，也会影响主播的推销效果。一流的直播间粉丝互动气氛浓厚，粉丝在直播间停留时间长，留存率高，同时直播间的人气就会越来越高。

场控在主播直播期间的主要工作就是调节直播间气氛，调动粉丝积极性，配合主播节奏。主播在直播间表演节目，场控在弹幕里面引导粉丝展开话题讨论，关于主播的八卦、制造话题等都是比较好的调节氛围的方式。切记所有的话题最后一定要正向引导，防止舆论失控，导致“翻车”事故。

总之，场控要配合主播，想方设法带动节奏，调动粉丝积极性，避免直播间出现冷场和间隙，最终目的是引导消费者购买。场控人员要在主播的基础之上，将直播间氛围渲染、调节至更高一个台阶。

第三，补齐短板。

主播很可能在某些方面的能力出现短板，比如对产品的了解、对脚本的执行出现偏差等。这时场控就需要补齐主播的短板，主播缺什么就补什么，同时要帮助主播矫正方向，按既定的目标和规划，推动直播活动顺利进行。

第四，维持秩序。

原则上，粉丝在直播间可以畅所欲言，但对于一些不和谐的声音，比如辱骂粉丝、粉丝互掐、恶意带节奏、诋毁产品，以及乱发广告信息等影响直播间正常氛围的情况，要予以制止。

另外，直播间也会遇到一些商业合作或优质粉丝需要主播下直播后沟通的情况，场控要及时予以回应，记录联系方式，以便于主播后续快速高效地进行回复。

第五，突出主播、粉丝。

场控在直播间要处于一种隐身或半隐身状态，既要发挥自己的控场作用，同时尽量不要浮出水面，更不要喧宾夺主，盖过主播和粉丝的风头。切忌盲目站队，盲目跟风，一定要突出主播和粉丝，不抢话题，及时提醒主播参与同粉丝的互动。

场控不仅要突出主播，同时还要做好粉丝陪伴工作，在气氛调节中也要突出粉丝存在，陪伴粉丝互动。对于高质量的粉丝团，要做到进场欢迎，离场欢送，提醒主播及时互动，并且适时地给粉丝送一些热场礼物，要衬托粉丝弱化自己的存在感，包括弱化自己在房间的存在感以及榜单的存在感。

第六，数据反馈。

场控要及时将直播间数据反馈给主播，要实时关注直播间粉丝的反馈和直播产品的销售数据反馈，比如某款产品卖得很好，可以提醒主播适当增加介绍该产品的时间，否则可能因急于介绍下一款，粉丝因不感兴趣而离开。

场控做好上述工作的前提是充分熟悉产品、熟悉脚本、熟悉主播，如此才能有效地发挥自己的作用。

5. 细致讲解卖点，提供销售理由

经常逛商场的人对下面的场景应该都很熟悉：

“欢迎光临，刚到的新款，有喜欢的试一下，现在全场八折，部分六折。”这是一些服装店、服装专柜的销售员惯用的迎宾销售话术，但这类话语起不了太大作用，在顾客看来它们几乎是可有可无的，很多情况下都会被人无视或直接忽略掉。

这是因为销售员上述话语中并没有传达出让顾客购买产品的充分理由（至于打折这一促销手段，对很多人来说早已经习以为常了），换句话说，他们没能向顾客传达出商品的卖点所在。

所谓卖点，简单来说，就是让客户接受的消费理由，最佳卖点也就是最强有力的销售理由。它是商品所具有的前所未有、别出心裁或与众不同的特色、特点。这些特色、特点，一方面是产品与生俱来的，另一方面是通过销售团队的策划力、想象力、创造力来“无中生有”产生的。不论卖点从何而来，它都可以使企业的产品和竞争产品区别开来，对产品的销售等有着不可估量的拉动效应。

产品的卖点可能有很多，但每个产品都有它的核心卖点。20世纪50年代，著名的广告人R.雷斯提出“产品的核心卖点就是产品的独特销售主张”。这种观念对于产品的促销有着重大的指导作用。它的意义体现在能够告诉销售人员在推销中一定要向客户传达出所推销产品的独特销售主张，让他们明白能够从产品中获得什么具体利益，而且这种利益是竞争产品所不具备的。

传达销售主张的卖点必须强有力，必须聚集到一个点上，以此来集中打动、感动和吸引客户购买产品。

在寻求产品卖点上，有很多切入点，比如从产品本身的性能入手，可以卖技术、卖品质、卖原料、卖包装、卖价格、卖服务等。如果是满足人们更高层次的需求，可以从情感、时尚、热点、公益、文化和梦想等方面入手。

具体来说，提炼产品卖点的方法主要有以下几种。

①在产品外观上提炼：从设计的风格、形状、款式、色调、材质、新技术等方面入手。

②在产品功能上提炼：不同于其他品牌的功能卖点。

③在产品参数上提炼：注意把技术参数与消费者的心理利益点结合起来，销售人员的讲解词要通俗易懂，富有感染力，能让消费者产生共鸣。

提炼卖点要敢于推翻既有观点和结论，步步推进，去伪存真，直至发现最核心的卖点和卖点的表达方式。

服饰产品的卖点提炼也有套路可遵循。烈儿宝贝是淘宝网红主播（见图7-1），曾做过淘宝平面模特，有着丰富的服装穿搭经验。入驻淘宝直播后，烈儿宝贝成立了自己的服装设计团队，凭借对服装极高的敏锐度与团队的不断壮大，每个月平均可以推出300多款新品。因此，服饰类一直是烈儿宝贝直播间主打的商品。

在直播卖服饰时，烈儿宝贝非常注重对服饰卖点的提炼和销售传达。总结烈儿宝贝直播间的讲解话术，能够看出，她擅长从以下4个维度来提炼服饰产品的卖点（见表7-1）。

图 7-1 烈儿宝贝直播间

表7-1 服饰产品卖点提炼的4个维度

维度	卖点提炼方向	话术示例
面料	采用什么面料，衣服弹性、通透性如何	这件衣服是纯棉的，弹性特别好
版型	服装版型设计亮点，是否显高显瘦	这件衣服穿上显瘦、显身材
款式	有哪些款式、尺码，适合哪些人穿	这款衣服是男女同款，各个尺码都有
工艺	使用了哪些特殊工艺，有什么亮点	衣服镶边的珠宝是手工绣上去的

除了以上维度，主播还可以从以下角度来提炼、讲解直播产品的卖点。

第一，从风格中提炼。

风格是一件衣服给人的整体感觉，而且一个人偏爱的穿衣风格通常都是固定的。

是韩风、日系风、欧美风，还是小香风、名媛风、学院风？这些都要清楚地告知粉丝，其中有什么独特的亮点和优点，提炼出来就是卖点。

第二，从颜色中提炼。

讲解衣服的整体颜色给人什么样的感觉，如白色典雅、黑色酷感十足、紫色高贵、粉色可爱等。

每一种颜色都有其独特的优点，主播要讲解颜色给人带来什么好处，如正红色显肤白，黑色显瘦等。

第三，从搭配、穿着场景中提炼卖点。

服饰重在搭配，演示搭配非常重要！一衣多穿也是衣服的一个绝佳卖点。

讲解搭配卖点时，不能空讲，不是单纯说这件衣服可以搭什么，而是要尽量把整套搭配展现在镜头前面，可以把搭配款拿在手上讲，也可以试穿上身。条件允许的话，一件直播间主推款尽量做两套风格不同的搭配，以迎合粉丝们不同的场景需求，如约会、休闲、上班等生活场景。

第四，从价格中提炼卖点。

即要体现出产品的价格优势，话术要点如下：

①一定要先报原价，对比强烈才能激发粉丝们抢购的欲望。

②强调性价比，可以用对比法、稀缺法、参照法。

③报秒杀价、库存和码数，引导下单。

6. 高度专业化：高效换装，快速过款

提到直播带货，我们会联想到东方甄选等，因为他们是直播带货的头部玩家，不仅粉丝众多，销售成绩斐然，而且他们拥有高度职业化的直播带货团队，专业程度非常高。服饰产品直播的职业化、专业化程度主要表现在以下几个方面。

（1）快速播报

在一些头部主播的直播间，大家很容易发现一个共性，即主播说话的语速极快，且是能说多快就说多快，当然前提是要吐字清晰、表达清楚，让粉丝能够听明白。

从心理学角度看，主播快节奏播报能够有效调动直播间粉丝的情绪，使其一直处于兴奋紧张的状态，再加上副播、助理等直播间辅助人员的各种吆喝，随着一喊“上链接”，大家更是非常紧张，能够对粉丝产生一种压迫感，生怕抢不到“便宜货”。

否则，语速较慢，容易让粉丝提不起精神，兴奋不起来，进入直播间的过客往往稍作停留即离开。

在快的同时，主播还要做到以下几个方面。

第一，有逻辑性。

在直播的过程中，主播不仅仅要展示产品，还要注意介绍产品背后的逻辑，因为只有从逻辑上讲得通，才能得到粉丝的认同。主播直播的逻辑性就是通过粉丝关注的点，将其联系到一起，简单明了地表述出来。举个例子，在介绍产品的卖点时，先与之前没有这种产品的情况做对比，接着就是我们这个产品能够带来的改变，最后就是介绍用户或者主播的使用感受。

第二，有感染力。

在直播中，不仅语速，主播的声音、动作、眼神等都会感染观众。

在声音上，主播可以在语音、语速以及语调上做深入的学习，说话要有感情、语速要有一定的变化以及语调要有抑扬顿挫的感觉。

在动作上，主播要有一定的手势动作，如OK、价格的比对等，配合这些手势，能够更好地展示主播的思维清晰性，也能够与观众更好地互动。

在眼神上，都说眼睛是心灵的窗户，主播的眼神能反映出情绪如真诚、可靠等。如果主播事先对产品有一个好的体验，那么对这个产品肯定也是认可的，眼神就会不自觉地透露出满意，细心的观众能够识别出这一点，从而对产品更加信任。

第三，有激情。

优秀的主播一定是个优秀的演讲师。要想在直播时使用饱满热情的声音将积极的能量传递给粉丝，那么主播就需要准备两个“武器”：兴奋点和尖叫点。主播可以通过史无前例的低价、限时限量等优惠来刺激粉丝的兴奋点和尖叫点。

（2）高效换装

“这个颜色非常青春，穿上的效果显瘦又好看，只要90（元），最后10件了，喜欢的宝宝快来下单吧。”这是2021年11月11日，青岛市即墨服装市场墨云直播基地里，主播娜娜的声音。

主播娜娜说，从10日上午10点到11日上午10点，直播为他们带来的销售额已超过200万元。“我们今年‘双11’24小时不间断直播，其间主播换一件衣服只需10秒，为的就是在短时间内让买家看到更多款式。”

在不间断24小时的直播中，娜娜和她的小伙伴总共展示了100多款衣服，主播和模特儿们直播中穿脱衣服都超快，个个练就了10秒换衣服的本领。

服饰产品直播带货最大的挑战在于，如果产品款式较多，那么直播时就需要频繁更换衣服，如果每次换装耗时过长，将会直接压缩介绍产品的时间，最重要的是，观众也没有耐心等待主播长时间换装。

那些高效率的主播都如同娜娜一样，都是快速换装的高手。比如，烈儿宝贝在直播时换装速度也很快，即使是套装也能在短短几十秒内完成，因为她的每场直播通常都要推荐几十款产品，必须将换装时间压缩至最短。烈儿宝贝快速换装的经验主要有：

第一，准备尺码合适的试穿产品。

需要主播和助理试穿的衣服，都是提前按各自的身材尺码准备好的，而且按顺序摆放好，在直播间试穿时不需要再浪费时间辨别、挑选。

第二，合理的试衣间布置。

烈儿宝贝的试衣间离直播间非常近，镜头外就是试衣间，减少了换装时的走动和时间耽误。

而且除了衣服，直播间还有很多不同款式的裤子、包包、鞋子等用于搭配，换装后可以顺手拿起作为配饰，让观众对整体穿搭效果一览无遗。

第三，换装空当由助理直播。

由于是模特儿出身，身材气质都很出众，烈儿宝贝很懂得利用自己的优势，通常都是亲自担任模特儿试衣，展示服饰的完美穿搭效果。

即使换装再快，也需要时间，在换装的间隙，直播助理会暂时进行直播，团队配合默契，能够实现无缝切换，观众丝毫感觉不到突兀。

（3）快速过款

直播过款，即由主播逐个介绍产品。过款有两种流程。

第一，过款型流程。

对于进入直播间的选品，由主播团队一款一款地依次介绍，一款产品在直播间只介绍一次，这就是过款型流程，适合那种有很多产品的直播间。基本上所有的大主播都是采用这种流程介绍产品的。

第二，循环型流程。

有些直播间的产品不是特别多，比如就5款产品，但是要直播3小时，这时就可以采取循环型直播流程，按顺序对所有的直播产品进行循环往复性的介绍。切忌一款产品介绍过长时间，导致观众失去耐心，离开直播间。

由于直播间的观众是流动的，有人跳出的同时，也不断有人进入，因此主播完全不必担心产品重复的问题。

根据以上分析，不难看出，循环型流程其实就是对过款型流程的不断重复。之所以有这种操作，正是因为在直播的过程中主播要快速高效过款，以便在观众失去耐心之前满足其对新款产品的期待。

下面分享两段过款话术——

“所有直播间的宝宝们，大家看到主播身上这款衣服没有，它真的非常百搭，来，给大家看一下，我的天哪，这个衣服今天怎么这么好看，今天是因为搭了这个裤子啊，宝宝，这个裤子也真的特别特别好看，我的天哪，这两个搭配在一起，简直就是绝绝子，人间富贵花那种感觉。”

“来，直播间所有姐妹听我说，你错过我直播间100个款、1000个款都可以，但是我接下来这款你一定不要错过。

来，把咱们家那个设计款拿过来，对，就商场里面卖599（元）那个，今天我要给姐妹们很大的优惠。

来，所有人听我说，接下来这款你一定不要错过，我会让你们知道我这个直播间的折扣力度可以有多大。”

第八章

成交转化：提升直播带货的转化率

【本章关键问题】

· 如何打消粉丝顾虑，使其放心下单？

· 如何通过感官激发粉丝购买欲望？

· 何为买点？如何塑造买点？

· 如何针对粉丝痛点进行销售说服？

· 粉丝下单时犹豫不决怎么办？

1. 打消顾虑：让粉丝放心大胆消费

调查数据显示，消费者选择观看直播，最直接的目的是通过直播间来了解某类商品的详细信息和优惠信息，二者分别占49.5%和47.5%。直播间的商品性价比和喜欢程度是消费者购物决策的关键因素。

通过观看直播转化为购物的原因，排在前四位的是商品性价比高（60.1%）、展示的商品很喜欢（56.0%）、价格优惠（53.9%）、限时限量优惠（43.8%）。

总体来看，能够吸引消费者决定购物的主要原因还是在于商品本身的性价比和价格优惠程度。

但消费者在直播间追求高性价比产品的同时，也有很大的顾虑。

2020年3月，中国消费者协会发布《直播电商购物消费者满意度在线调查报告》。调查结果显示，"担心商品质量没有保障"和"担心售后问题"是消费者的两大主要顾虑，分别占60.5%和44.8%，其中最为突出的关键词是"夸大其词""假货太多""鱼龙混杂""货不对版"，这是消费者对商品质量方面的集中反馈。

因此，如何打消直播间粉丝顾虑，让粉丝在直播间大胆消费，是主播提高转化率的一个重要任务。

（1）打消粉丝对产品质量的顾虑

消费者就是一个矛盾体，当产品价格高时，他们担心买贵，当产品价格低时，他们又担心质量问题。对此，可以从两个角度去消除他们的顾虑。

第一，说明为何低价。

直播间产品价格之所以低，首先是采取了产地直供模式，消除了中间商，因此从价格上让利于消费者；其次是主播团队销售带货能力非常强，销量有保证，因此获得了量大从优的区别对待，拿到了全网极具竞争力的进货价格，因而价格相对较低。

也就是说，要让消费者认识到，直播间相对低价的产品并非低质，更不是产品质量存在问题和缺陷。

第二，打消产品质量问题的顾虑。

先举个例子：消费者选择瓶装饮用水时，最大的顾虑是什么？是产品质量问题，担心水质不好、不卫生，净化得不够干净。如何消除消费者的这一顾虑呢？很多企业都宣扬自己的产品更纯净，而乐百氏纯净水则强调自己的产品是经过了27层净化，使得产品质量在数据上有了一个更直观的支撑点，给受众造成了强烈震撼并留下深刻印象，因此从众多产品中脱颖而出。27层净化是其他厂家做不到的工艺吗？并不是！只是乐百氏独具匠心的营销人员首先发现了这一差异化优势。

同样，服饰产品在自证产品质量问题时，也要找出自身的差异化质量优势，比如出示产品可信证明（合格证书），以此证明产品靠谱。包括但不限于品牌背书、销量截图、网友好评、网红推荐、官方资质、专家背书等。

比如：

①一周销售1.5万件。（销量数据）

②直播间单场销售突破8000件。（销量数据）

③这款产品超过35%的顾客都会回购。（回购率）

第三，专业+场景化介绍。

从产品的品牌、设计、材质、价位、包装设计、穿搭、使用效果、使用人群等多维度介绍产品，越专业越有说服力，越能打消粉丝顾虑。

（2）打消被骗顾虑

担心被骗是人之常情，主播可从以下两点消除粉丝的顾虑。

第一，主播团队亲自使用。

对推销的产品，主播要现场试穿、试用，这样粉丝看到主播都在亲自尝试产品，就不会再担心上当受骗了。例如，某网红在直播间宣讲一款产品的时候，经常会讲一些家人、工作人员使用过的经历，还会在直播间展示自己的淘宝购买订单，证明某款产品是自用款，且为重复购买的产品。

这些看似不经意的动作，其实都暗藏心机——以此打消粉丝对产品的顾虑。

第二，分享主播或店铺信誉。

通过分享主播既往销售成绩、口碑来打消粉丝顾虑，也可以分享直播带货的后台网店信誉度，让粉丝放心消费。如果店铺已经积累了大量的好评且信用等级较高，这个问题也就迎刃而解了。例如，主播可以采取这样的话术：大家可以去我们的店铺看一下商品的评论，好评率在99%以上（好评率）；我们店铺的信誉也很高，顾客评价在4.9分（顾客评分）。

但对于新开张的店铺，在信用偏低时，需要耐心细致地从其他方面与粉丝进行沟通。

（3）打消售后顾虑

消费者之所以迟迟不愿意下单，可能是因为担心收到产品后会出现偏差、不满意，出现售后服务难题。对此，直播方应给出相应的售后三包承诺，即包邮、包退、包换。但同时也要结合产品特性来谨慎承诺，服饰产品尤其是一些容易磨损的贵重饰品，要充分考虑退换货的成本和实操问题，一方面要考虑消费者利益，另一方面要考虑自身成本付出和承受能力，在中间找到一个能够兼顾双方利益的平衡点。

2. 感官刺激：激发粉丝的下单欲望

直播是网络内容展示的高级媒介，图片仅仅是二维空间，而短视频不够实时，直播将用户的感官刺激提高了一个量级。同一商品，在直播间主播的刺激下，用户的购物欲望会更强，这就促使直播带货这一商业模式的出现。

主播要充分利用直播间这一高级带货媒介，通过声情并茂的解说，从听觉、嗅觉、触觉等角度全方位对粉丝进行感官刺激。例如，针对某款产品，主播可以详细描述自己闻到了什么气味、双手的触感如何，内心的总体感受是什么，这样的全方位感官描述会更具代入感，可以激发粉丝的购买冲动。

（1）全方位讲解产品

主播要善于从不同角度全面讲解产品，边试边讲解服饰搭配，针对不同的服饰特色给大家分享搭配风格，按照生活与工作所需，推荐不同的服饰搭配细节等。

就单品来说，可以从服饰风格、版型、颜色、面料、设计亮点、工艺、搭配方案、穿着场景等角度进行细微讲解，说不定哪个细节就能打动粉丝，促使其下单。

（2）进行场景化直播

何为直播场景化?

可以从两个方面来理解。

①向粉丝呈现一种最为熟悉的产品生产、使用的场景，提升粉丝的信任关系。

②帮助粉丝构建多种产品的使用场景，激发粉丝对产品的占有欲、消

费欲。

主播可借用一些话术和句式来增强产品的场景化特征，给粉丝一种更具体、更直观的感官体验。例如，某主播在描述产品时喜欢用比喻句来强化产品的场景感，比如他在向粉丝推荐香水的时候，就会将直播间中粉丝本来看不见也摸不着的香味比喻成——

恋爱中的少女，开心地去找男朋友，那种很甜的感觉。

穿着白纱裙，在海边漫步的女生，非常干净的那种感觉。

下过小雨的森林里的味道。

通过他的场景化介绍，粉丝就能够直观地想象出香水的真实使用体验。

服饰产品的介绍，如何做到场景化呢？不是简单地让模特儿试穿，主播要做的事情其实是告诉粉丝购买产品后的真实体验。以牛仔裤为例，要向他们展示搭配上衬衣、T恤、运动鞋、靴子、毛衣后的情形，并呈现出他们穿上这条牛仔裤走在咖啡厅、汽车站、商场、步行街是怎样的一种场景，如何引人关注。这样才能让使用场景激发粉丝想在旅行的时候拥有一条这样的裤子，想在外出见朋友的时候拥有一条，想在逛街的时候拥有一条。

（3）趣味实验，强化刺激

直播带货中，为了强化对观众的感官刺激，一些主播会做一些趣味小实验。

例如，在一场直播中，烈儿宝贝为了证明产品的棉是真的优质棉，她直接选了一个普通棉和产品上的棉一起烧掉，如果是劣质棉，燃烧时会冒黑烟，烧完留下的是黑色胶状物，真正的棉燃烧时会冒白烟，烧完是灰。

再如，某主播直播间在介绍散粉的水溶性时，会将水与散粉混合在一起搅拌，搅拌后将溶液倒入过滤纸，散粉能完整地保留，以此证明这款散粉遇水不会化掉。

主播通过对比实验这种方式，直观地让粉丝感受到产品优劣的差异，可以带来强大的视觉冲击，能够打消粉丝对产品的疑虑。与此同时，实验往往轻松有趣，更能引发粉丝的好奇心，从而留住粉丝。

（4）音乐刺激

粉丝进入直播间，既是寻找物美价廉的商品，也是来消遣、放松、寻找快乐的，所以整个直播间的氛围是欢快的、暖心的。无论什么时候，都要让进入直播间的粉丝放松下来。因此，主播方可以适当借助一些欢快的、有助于成交的背景音乐（见表8-1），来对粉丝进行感官刺激。

表8-1　直播间常用音乐

类型	代表音乐/歌曲
流行歌曲	《123我爱你》——新乐尘符、《隔壁泰山》——阿里郎、《给陌生的你听》——G.G张思源、《非你不爱》——冯提莫、《非酋》——薛明媛/朱贺、《最美的期待》——周笔畅、《那个》——文筱芮、《非你不嫁》——饭思思、《佛系少女》——冯提莫、《爱河》——冯提莫、《左手》——冯提莫/小峰峰、《The Spectre》——Alan Walker、《I Could Be the One》——Donna Lewis、《可能否》——木小雅、《Sunshine》——Charlie Heat/Ant Beale、《我想》——麦小兜
背景音乐	《Where is the love》——Josh Vietti、《A Little Story》——Valentin、《Luv Letter》——DJ Okawari
MC	《女王范》——李少白、《踏马出征》——MC九局、《喊麦之王》——MC九局
暖场音乐	《Monody》——The FatRat、《Fade》——Alan Walker
战歌	《Victory》——Two Steps From Hell、《七剑战歌》——川井宪次、《Go Time》——Mark Petrie、《Star Sky》——Two Steps From Hell、《Dragon Rider》——Two Steps From Hell、《Game Changer》——Mark Petrie、《Man at Arms》——Position Music

（5）高颜值的模特

现在是一个看脸的时代，高颜值模特儿是直播间吸引粉丝关注的一个亮点。服饰类直播间，试衣模特儿应要身材、长相都在线。

当下，在一些男装直播间，流行女主播、女模特儿（见图8-1），利用的就是异性相吸的流量法则。

图 8-1 雅戈尔直播间的女主播

例如，某直播间，简简单单一件男士针织开衫，在女主播优雅体态的衬托下，更有别样的时尚感。原本冷冷清清的男装直播间，由于美女模特儿的入驻而热闹非凡，成了流量洼地，而这都要归功于这一群“与众不同”的女主播。

3. 塑造买点：给粉丝一个购买的理由

找卖点是主播的基本功，但仅仅停留在卖点销售的层面，还远远不够。

归根结底，找卖点是一种卖方思维。销售方习惯站在自身角度，去发现品牌和产品的优势，这种优势可能是相对的，也可能是绝对领先的，它的潜台词是——

我的优势是什么？

我拥有竞争对手所不具备的优势。

我比竞争对手能更好地满足消费者需求。

我的什么优势使得消费者产生购买欲望？

不过，这种想当然的单向思维并没有去考虑“消费者究竟需要什么”“影响他们购买的因素是什么”“消费者最大的顾虑是什么”“消费者为什么愿意付费”等问题，因此，在实际销售工作中，难以真正打动客户。

找买点则不同，它是一种彻底的消费者思维，是主播真正设身处地站在消费者的立场上，建立在他们真实痛点需求的基础上，去发现他们背后的需求和买点，再配合针对性的销售话术，打蛇打七寸，才更容易打动他们。

举个例子：感冒药是常见的药品，每个消费者都会用到。传统的感冒药有什么痛点？比如，吃了容易犯困，让人昏昏欲睡，会影响工作和其他事务。

基于这一痛点，“白加黑”感冒药提炼出了自己的独特卖点（基于消费者痛点的买点）“白天吃白片不瞌睡，晚上吃黑片睡得香”，在产品设计上，将感冒药分成白片和黑片，把感冒药中的镇静剂“扑尔敏”放在黑片中，有效解决了用户吃药容易犯困的痛点，消费者的购买理由出现了。

何为买点？就是消费者购买的利益点。或者说，买点就是消费者买你的东西而不买别人的东西的理由。

我们知道，每一次消费行为，消费者对于所购买产品的品质、价位、品牌、包装、性能，甚至包括产品的详细性能参数，都有一个心理预期，有自己的设想和标准。随后的购买行为大多是在这个范围内进行。

这个预期就是消费者的买点。

只有当产品从品牌、价格、质量、服务、付款方式、交货期限等诸多方面达到消费者的预期时，买点才会出现，才有可能促成交易。

对买点的关注，实际上是以客户为中心思想的实战演化，也是基于客户痛点找卖点的升级与扩展。事实上，能够成为客户痛点的需求背后一定对应着客户的买点。

在传统的销售模式中，往往是销售人员喋喋不休地向客户灌输产品的卖点和优势，而忽视了对客户的研究，忽视了他们的痛点和需求，以及痛点、需求背后的买点。他们习惯自作主张地用卖点替代客户的买点，或是将卖点与客户买点进行僵硬的对接，甚至为了说服客户下单而不择手段临时编造出一个卖点来满足客户的需求。有些极端的销售人员，甚至还会有意无意地否定乃至批评客户所流露出的心声和提出的需求。

例如，传统线下销售常常会出现这样的场景——

销售人员："您看，说明书上有详细的电池寿命的说明，正常使用情况下，充电次数为5000次，在您一天最多充电4次的情况下，就是1250天，差不多4年呢，非常耐用。"

顾客："那它有什么缺点呢？"

销售人员："要我说，它的最大缺点就是优点太多了。"

顾客皱起眉头，转身走了。

这种情况是能够理解的，就像我们在生活中听到一个人说"我这人最大的缺点就是优点太多了"，同样令人生厌。

如此单项式的销售思维，如此喋喋不休甚至夸张地向消费者传达产品的卖点，在如今的市场环境中，再难以有太大作为。

只有站在粉丝的角度，设身处地去体察他们的痛点和需求，找出他们的买点，再同产品的卖点实现有效对接，成交才可顺利完成。

粉丝的每一次购买一定对应着买点，它可能是外在的、凸显的、清晰的，也可能是模糊的、隐藏的，这就需要主播去做一些积极有效的探寻和引导工作。具体实施时，要注意以下几点：

①粉丝的购买行为，一定存在着买点。

②发现买点之后，再同产品卖点建立巧妙连接，要把握好这个顺序。

③传达卖点不必像竹筒倒豆子，一股脑儿都说出来，而应根据客户的痛点、需求和买点，来传达相应的卖点。

④产品卖点反映的是产品的差异化特征，而粉丝的买点表现的则是客户个体需求上的差异化。

⑤粉丝有时候不会直接说出买点，但会表现在沟通过程的细枝末节中，这就需要主播去探寻和发掘。

⑥卖点这个词只是直播方内部使用，不可拿出来对粉丝说“我们的卖点是什么什么”。

总而言之，粉丝是为了自己的原因（痛点、需求、买点）而购买，而不是为了销售方的理由（卖点）来消费。

真正好的直播间带货，核心是要赋能产品营造“买点”，从而带动粉丝购买。

比如，冬天直播间卖羽绒服，卖点其实大部分都大同小异，那如何营造产品打动粉丝的“买点”呢？

可以结合人们在冬天穿衣的一个痛点来塑造买点：衣服穿太多了，基本上都在开有暖气的室内，会觉得热；而穿少了，又觉得冷。

主播就可以结合“26度穿衣公式”（注：这里的度是指摄氏度，为实际阐述需要下文也简称为度）来推荐货品，即气温+衣服=26度。在该公式下，不同的衣服被换算成不同的温度（见表8-2）。

表8-2 衣服温度换算

类别	温度
皮草	12度
羽绒服	9度
双面呢大衣	7度
轻薄羽绒服	6度
风衣、棉服	5度
西装外套、厚毛衣	4度
针织开衫、卫衣	3度
衬衫	2度
T恤	1度

举例来说，如果环境温度是13度，那么穿衣搭配可以是：

羽绒服（9度）+针织衫（3度）+T恤（1度）+环境温度（13度）=26（度）。

根据上述公式，主播在直播间就可以针对提供的服饰产品来打造不同地域的冬天“26度穿衣法则”场景以及匹配的货品推荐，那么，粉丝的买点就出现了。

4. 直击痛点：针对粉丝痛点去说服

移动互联网时代，痛点成了热词，越来越频繁地出现在人们眼前，痛点思维被越来越多地用于商业实战。

所谓痛点，是指消费者在使用产品或服务的过程中更高、更挑剔的需求未被满足而形成的心理落差和不满，这种落差和不满会在消费者心智模式中聚焦成一个点，成为负面情绪爆发的原点，让消费者感觉到痛。

“有无之相生也，难易之相成也，长短之相刑也，高下之相盈也，音声之相和也，先后之相随，恒也。”

这是老子在《道德经》中的一段经典描述，也是老子辩证唯物主义哲学思想的核心所在。他所讲的意思是：世界万物是相辅相成的，相互对比、衬托的。

痛点的本质就是基于对比，这种对比表现在两个层面。

第一，和消费者期望值的对比。

对某项产品或服务的期望值过高，而实际购买的产品或服务未能达到这种期望值，就会出现落差，这种由对比而导致的落差，会给消费者带来痛苦。

例如，某体重150斤的肥胖女子抱着成为瘦美人的期望，耗巨资购买了某品牌的减肥产品，使用的结果却是——体重仅仅减掉了5斤，比原先只是稍稍瘦了一点点，仍未摆脱肥胖的队列。伴随减肥梦想的破裂，给这个消费者带来的必然是心理上的落差和痛苦的体验。

第二，和同类产品、服务的对比。

不同品牌、不同价位、不同地域、不同国度之间的产品和服务必然会存在很大差异，和同类产品、服务进行比对，也会给消费者带来心理上的落差和精神上的痛楚。

这就好比一个消费者，只付出低端手机的价格，却希望得到高端手机的产品体验。

痛点的本质在于对比，无论是内在的比较还是外在的比较。

没有比较就没有落差，没有落差就没有痛苦，没有痛苦就没有痛点。

痛点是一切销售的诱因，更是一切商业和一切产品的根本策动点，直播带货也不例外。

简单来说，痛点就是消费者在正常的生活当中所碰到的问题、纠结和抱怨，如果这个事情不解决，他就会浑身不自在，很痛苦。

主播要做的，就是发现某个问题，然后解决某个问题，最后堂而皇之、义正词严、毫不客气地提出来，告诉粉丝：我能帮你解决这个问题，如果你有这个问题，就选择我。

把握不准消费者痛点的销售，就是在瞎忙活。

关于直播间粉丝痛点的说服，通常有三个步骤。

第一步，诊断痛点。

传统的说服路径往往是依据“我们想怎么做”，而不是“粉丝想要我们怎么做”。其实，对于直播带货而言，真正有价值的就是粉丝的所感所想，诊断粉丝痛点的最终目的是满足粉丝需求、赢得市场。

站在粉丝角度去考量问题，能更容易筛选出哪个才是粉丝最在意的痛点，对症下药。

第二步，凸显差异。

痛点的本质基于对比。比如，对某项产品的期望值过高，而实际购买的产品未能达到这种期望值，其结果就是产生落差，这种由对比而来的落差会给消费者带来痛苦。主播应基于对比，找到直播间产品和竞品的差异，提炼出差异化优势，才更容易打动粉丝。

第三步，证明收益。

要形象具体地将产品所能带给粉丝的差异化价值、收益展示出来，可以借助数据和直观的产品介绍，而不是仅仅借助空泛的描述。

注意，实际运用中，以上步骤有可能并存，甚至打乱先后顺序，一切以实际情况为准，切不可教条式运用。

来看一个案例：

某主播在直播间销售某品牌童装，主播向粉丝讲解："买童装不能只看价格，也不能只看面料的手感和外观。你们知道吗？一些不合格的劣质面料对孩子皮肤危害非常大。"（诊断痛点）

直播间副播配合得非常好，立马说："是呀！我看新闻报道称有些劣质服装面料中采用的染料不合格，甲醛严重超标，这样的衣服穿在孩子身上，势必会对自身免疫力造成严重破坏，甚至会增加孩子患白血病的风险，对身体造成严重损伤。"（强化痛点）

主播又补充道："在挑选孩子衣服时需要注意的事项比较多，不仅仅好看就可以，如果一味追求潮流和个性，忽略了服装的品质是万万不可取的，如果将劣质服装穿在孩子身上，势必会带来各种安全隐患。

家长宝宝们，我们直播间的产品都是严格按国家标准生产的，不存在甲醛和pH酸碱度不合格的问题，孩子们可以放心穿。"（凸显差异+证明收益）

这是典型的直击宝妈粉丝的痛点，她们最重视的就是孩子的健康和安全不能受丝毫的伤害。她们听了主播的讲解之后会有什么感受？她们会想，原来孩子乱穿衣服的后果这么严重，以后决不能再胡乱购买了，一定要选择质量安全有保障的衣服。

5. 消除犹豫：让粉丝第一时间付款

成交阶段是整个销售过程中最关键也是最艰难的一环。大部分没有经验的销售人员在进入成交阶段后，会显得异常紧张，坐立不安。因为消费者最后“买还是不买”的决策过程，让他们感受到了一种前所未有的煎熬，还会产生一种对局面失去控制的惶恐。

这个阶段对消费者来说也是一个不安和痛苦的过程。消费者最大的痛点是犹豫不决、瞻前顾后。所以，销售方应该想办法让客户迅速下定决心成交，帮对方做决定，才能顺利度过这个折磨人的阶段。

有这样一个小典故：

某天，一位老先生打电话给牙医，问：“医生啊！我想问一下拔一颗牙需要多少钱？”

牙医说：“80美元。”

老先生说：“好贵啊！拔一颗牙需要多久？”

“一分钟左右。”

“一分钟就要花我80美元？也太贵了。”老先生说。

牙医回答他：“如果你觉得拔得太快了，我可以慢慢拔，拔到你满意为止。”

销售的成交阶段和上面所描述的拔牙过程有些相似，要想长痛变短痛，就要当机立断，果断出击，让犹豫不决的消费者迅速成交。

从销售心理学上看，消费者犹豫不决的原因通常有以下几个。

①消费者对产品存在某种认知障碍，所谓“吃不透、摸不准”，从而犹豫不决。当然，这种认知障碍也有可能是不了解主播这个人。

②情绪刺激。老话说：“一朝被蛇咬，十年怕井绳。”消费者以前上过

当、受过骗，一旦遇到同类产品，自然也很容易产生犹豫不决的心理。

③性格特征。一般来说，性格犹豫不决的消费者大多比较稳重、小心谨慎。这类消费者在购买之前，会对销售员的为人、产品的性能和质量以及售后服务等各个方面都进行详细了解，如果满意了，才会下定决心，是标准的理智型购买。

直播带货同线下销售虽有共同之处，但时间更为紧迫，因为每一款产品预留的时间都非常短，留给粉丝考虑的时间也非常有限，想要获得良好的销售业绩，主播必须在尽可能短的时间内消除粉丝的犹豫不决，让其第一时间下单付款。

（1）做好人设管理

主播人设做得好，粉丝下起单来就会少一些犹豫和徘徊。就服饰产品带货而言，以下几种人设是最容易消除粉丝犹豫的。

第一，店播人设。

主播如果是经营服饰产品的线下实体店店主，或是网店店主，那么由于其身份和实际存在的店铺可以作为背书，如果由其出面进入直播间带货，粉丝的好感和信任度就会比较高，下单时通常不会瞻前顾后、举棋不定。

第二，达人人设。

主播如果是服饰穿搭、教学领域的达人，对服饰知识和所带货的产品非常了解，对行业相关的专业知识也非常精通，那么，其所推荐的产品也会被粉丝所认可。

第三，明星人设。

除了极少数不注意个人言行的明星，大部分明星都非常爱护自己的羽翼、注意自己的形象，这是明星进行直播带货时产品质量有保障的一个基本前提，很多消费者尤其是明星的粉丝都深知这一点。因此，明星主播更容易赢得粉丝的信赖与好感，粉丝下单时基本没有心理障碍。

第四，网红人设。

客观地讲，某些网红在大众眼中的形象并不是很完美。但这并不意味着所有的网红在带货时都存在套路和陷阱。其实，网红也可以刻意塑造自己的正面人设，向目标粉丝传达自己直播带货的优势：背靠庞大的粉丝群体，可以在选品时获得议价权、专供权等，展现出自己的供应链优势和价格优势，自己所作所为其实是为直播间粉丝谋福利，是让利于粉丝。这种主播形象能在很大程度上消除直播间粉丝的犹豫。

（2）限时限量秒杀

心理学上有一个名词叫损失规避。相关研究表明，对于同样数量的东西，人们在失去它时所遭受的痛苦要远远大于得到时所带来的欢乐。换句话说，人们对损失、失去的反应要比得到的反应敏感得多。相对于得到，人们更不能容忍失去，因此，就会有意无意地去避免失去。这种心理就是损失规避心理。

我们在日常消费中，无论是在线下消费，还是在线上直播间购物，都会遇到各种各样的促销打折活动，其中又以限时限量秒杀最为常见，也最为有效。

事实证明，限时限量促销之所以屡试不爽，就在于商家抓住了消费者的损失规避心理，通过限时、限量、秒杀等促销手段，让消费者产生一种“过了这个村就没这个店”“再不抓紧下单，就会被别人抢光”的心理，让他们觉得最后会得不到优惠，同高性价比的商品失之交臂，这是他们心理上所不能容忍的。因此，面对限时限量的促销，他们会瞬间摆脱犹豫不决的徘徊状态，转而下单购买，生怕抢不到。

主播要善于通过限时限量秒杀活动来制造商品的稀缺性。对于越是稀缺的东西，人们往往越是趋之若鹜。要让直播间粉丝明白，如果不抓紧时间下单购买，特价促销的产品很快就会断货、下架，就会错过，遭受损失。

参考话术如下：

①“数量有限，如果你看中了一定要及时下单哦，马上就要卖完了哦！”

②“先付先得，最后1分钟！想要的宝宝不要犹豫了，活动马上结束了！”

③主播：（问助手）咱们1号链接的产品还有多少件？

助手：只剩5件了！（声音要急促，要大）

主播：就剩下最后5件了，要下单的朋友们抓紧喽！

（3）善用催单话术

抛出限时限量秒杀活动后，主播还应充分发挥话术优势，不断强调产品的性价比优势，不断强调所剩数量不多，刺激观众，发出购买行动指令来激发他们的下单欲望。类似的催单话术有以下这些：

①需要的朋友们抓紧时间下单了，现在不下单，以后就再也买不到这么便宜的货了。这款产品就销售这一场，现在不买就只能等明年了！

②这一款产品真的数量有限，只剩最后××件了，都是工厂直发，卖完就下架！

③不用再想了，需要的直接拍，现在是拼手速的时刻，手慢真的抢不到了！

④今天的秒杀数量非常有限，仅限50件，往后价格只会越来越高！

⑤这个价格，这种质量，只有在这个直播间才可以享受到，因为数量有限！

⑥数量有限，如果你看中了一定要及时下单哦，马上就要卖完了！

⑦直播间的朋友们，先付款先得，请下单的朋友尽快付款，最后两分钟！最后两分钟了！

⑧我们最后倒数十个数，不管是否抢到，倒计时结束，商品即下架，进行下一款，不再返场。记住，朋友们，此款产品不再返场，就过这一遍，

“10、9、8……”

⑨今天的优惠数量有限，只有100件，这款衣服就只有最后15件了，卖完就没有了。

⑩这一款真的数量有限，只有最后10件了。如果看中了一定要及时下单，不然等会儿就抢不到了！

⑪今天只限在我的直播间有这个价格，站外都没有这个价格。

⑫不用想，直接拍，只有我们这里有这样的价格，往后只会越来越贵。

⑬倒数10个数，限量抢购就结束，就下架。

⑭还有最后3分钟，没有买到的宝宝赶紧下单、赶紧下单。时间到了，我们就下架了（恢复原价）！

第九章

售后复盘：兑现销售承诺，做好售后复盘

【本章关键问题】

· 直播后如何进行复盘？
· 如何妥善处理售后问题？
· 如何应对居高不下的退货率？
· 如何处理来自消费者的差评？
· 处理投诉的基本原则是什么？

1. 售后复盘：直播复盘的方法与步骤

复盘，出自围棋术语，也称“复局”，指对局完毕后，复演该盘棋的记录，以检查对局中招法的优劣与得失关键。一般用于自学，或请高手给予指导分析。

通过复盘，当某种熟悉的类似的局面出现的时候，复盘者往往能够知道自己将如何去应对，在脑海中就会出现好多种应对的方法，或者可以敏锐地感觉到当前所处的状态，从而对自己下一步的走向做出判断。

复盘，当前的应用范围已超出了围棋，在企业管理、商业活动中也常用到。广义上的复盘，就是对过去的事件进行分析，分析成功或者失败的原因，总结经验，吸取教训，不断改善、精进。复盘的主要目的有三个：

①对过去的事件进行全盘分析，包括事件的流程以及各个环节。

②对过去事件成功或者失败的原因进行分析。

③对过去事件好的做法要继续保持，不好的做法要进行改正。

直播带货活动结束后，最重要的一件事情是什么？是复盘。直播复盘的目的是给接下来的直播带货工作提供参考价值，即总结失败教训、汲取成功经验。找出问题→分析问题→解决问题→指引方向，这样在接下来的直播带货的道路上才能少走弯路，更加快速地迭代升级。

直播复盘有四个维度。

（1）人员复盘

人员复盘，即对参与直播的所有工作人员的表现进行复盘，直播带货过程是团队所有成员配合的过程，因此，直播复盘需要清晰地了解直播过程中每个人的工作是否执行到位（见表9-1）。

表9-1　人员复盘

岗位	复盘重点	关注细节
主播	直播状态	直播过程中的话术、产品讲解、控场情况等
场控	直播效果	直播中的实时目标关注、突发事件预警能力，直播间整体视觉效果，以及流程安排、拍品等
运营	投放效果	预热视频的准备和发布，购买流量的投放操盘问题，包括视频发布、投放时机和目标、投放金额与效果
助理	后台配合	上下架产品、库存播报、优惠券发放
客服	粉丝服务	福利说明以及可能存在的售后问题，直播过程中回答粉丝的提问

为了便于进行人员复盘，建议将直播过程进行录屏，以待事后观看。

（2）产品复盘

产品复盘即对进入直播间的货品进行复盘，主要是分析直播间的选品逻辑是否合理，引流款、利润款、主推款的分配是否合理，过款流程的安排是否合理，产品的核心卖点提炼是否到位以及直播间的货品展示是否清晰美观等。

产品复盘要做到：

①筛选出销售数据最好的商品，下一场直播增加库存或者增加类似款商品。

②筛选出粉丝最喜欢的商品，下场直播继续作为福利款商品，以增加人气。

③筛选出退货率最高的商品，从下一场直播带货中移除。

（3）数据复盘

在直播结束之后，可以先从直播后台中导出一份所需的数据，比如评论数、粉丝新增量、销量、用户画像等，并和之前的直播数据作横向纵向对比，找出数据背后所代表的具体类目。

主要从直播间停留时长、转粉率、老粉丝的活跃度等对数据进行分析。直播间停留时间越长就表示用户对直播间越感兴趣。而转粉率就是进入你直播间观看的新用户在结束后有多少人转为粉丝，即从公域流量到私域流量的转化。老粉丝的活跃度表示已关注用户在直播间的活跃度，因为这些老粉丝的活跃度在一定程度上决定了直播的成交率。

我们在进行直播数据复盘的时候，要重点关注以下四个数据。

第一，人气峰值和平均在线人数。

人气峰值和平均在线人数决定了直播间的人气，是直播带货的大前提。一般平均在线能稳定在50人左右，直播就有基本的带货能力。

第二，观众平均停留时长。

平均停留时长是内容吸引力指标里最重要的一项，停留时长数据越好，说明主播的留人技巧和选品越好。通常停留时长超过2分钟就算不错的数据，停留30秒算及格。

第三，带货转化率。

带货转化率，即直播间的用户下单比率。

直播间的用户下单比率=下单人数÷观看总人数。

这个数据可以衡量直播间用户的真实购买力，也能反映主播的带货能力。一般带货转化率达到1%算合格，3%以上为优秀。

第四，UV价值。

UV价值即单个用户为直播间贡献的价值，该数值越高，说明用户在直播间的付费意愿越强，销售额往往也越高。

此外，也可以结合相应平台的后台数据进行数据复盘。以抖音平台为例，可以分别从手机端和电脑端后台进行直播数据复盘、分析。

第一，手机端数据分析。

依次打开“创作者服务中心—主播中心—场次数据”，可以看到直播基础数据以及直播观众来源两大部分（见表9-2）。

表9-2　抖音手机端直播数据分析

直播基础数据	（1）收获音浪。直播间收获的音浪总数，带货直播间不同于娱乐直播间，一般音浪收入普遍不高，不做参考
	（2）观众总数。观众总数决定了直播间所在流量池等级，是决定直播间流量的关键指标，因为流量决定销量
	（3）新增粉丝。在直播推荐打开的情况下，一般新增粉丝比例达到5%算是比较不错的数据，代表对新进直播间用户的吸引程度。当单场直播转化新粉比例低于3%时，说明直播内容吸引度较低
	（4）付费人数。送出粉丝团灯牌以及其他的抖币礼物都算是付费用户，带货直播间付费用户数据一般参考性不大，不必深入研究
	（5）评论人数。直播间的用户互动情况是影响直播间人气的关键因素。一般互动比例达到10%算是不错的数据，低于5%就要考虑对直播间的“人、货、场”进行优化
直播观众来源	（1）直播推荐：包括直播广场、直播推荐流等免费推荐流量
	（2）关注：用户通过粉丝推荐和关注页面进入直播间
	（3）同城：用户通过同城推荐进入直播间
	（4）视频推荐：通过自己或者他人的视频引流进入直播间
	（5）其他：包括巨量千川等付费流量，也包括小时榜、PK连麦等免费流量

第二，电脑端数据分析。

电脑端复盘一般是登录抖店后台进行复盘，直播间数据主要包括以下内容（见表9-3）。

表9-3　抖音电脑端直播数据分析

分钟级趋势	分钟级趋势包括用户行为数据和直播间后台行为数据，通过对比两组数据可以分析出直播间具体是因为什么动作促使用户在直播间产生购买行为

续表

流量分析	在流量分析里可以看到流量来源和流量转化。 流量来源分为两种：自然流量和付费流量。流量分析的复盘重点是关注自然推荐的Feed流量有没有打开，这是直播间形成高人气的关键。 流量转化则是一个直播间流量转化漏斗模型，通过流量转化漏斗可以看到用户在直播间产生的行为动作，然后可以对应地给直播间做优化动作，提高直播综合转化率。 可以看到漏斗从上往下分为4个层级。第一层是曝光转化率（如果低于80%，主要是选品问题，要优化选品），第二层是点击转化率（如果低于12%，主要是图片问题，要优化产品主图），第三层是生单转化率（如果低于15%，主要是价格或者卖点问题，要降低价格或者优化卖点），第四层是成交转化率（如果低于80%，主要是收货地址、付款方式开通、犹豫等原因，导致订单超时）
商品分析	交易指标：筛选销售最好的产品在下场直播中增加库存或类似款产品。 流量指标：筛选用户最喜欢的产品在下场直播适当做福利款活动，增加直播间人气。 售后指标：筛选退货率最高的产品，在下一场直播中移除该产品
用户画像	用户画像分为看播用户和成交用户，我们可以通过性别、年龄、区域、是否粉丝四个维度对两组用户画像进行对比分析，为下一场直播的投放找到目标人群

（4）场景复盘

场景复盘相较于人、货和数据的复盘是比较简单的，主要是复盘直播间、场地布置、直播间背景、直播间灯光、直播设备和商品陈列等，对合理的地方继续坚持，对不合理之处予以改进完善，打造用户体验度更佳的直播间。

2. 售后服务：第一时间处理售后问题

成交并不意味着销售的结束，更不意味着销售人员可以松一口气了，接下来还有一系列的售后工作需要认真、谨慎地去完成，这就是巩固销售。在传统销售观点看来，“成交之后才是销售的开始”。

去商场消费时，我们都有过这样的体验：

在付款后走出商场时，如果购买的商品很超值，自己很喜欢，性价比非常高，价格又在自己承受范围之内，内心通常表现得很激动、很期待。

相反，如果商品本身没有太多打动自己的亮点，是在犹豫不决的情况下做出的购买决定，或者是价位明显超出了自己的承受范围，那么在这个环节，则会表现得有些肉疼、有些烦躁、有些后悔。

对于这种现象，“名创优品”创始人叶国富发明了一个名词——顾客表情指数。

叶国富经常在旗下门店观察顾客的购买行为。他总结出这样一条结论：顾客付款之后到走出店门那几步的面部表情暗藏玄机。如果他们一边翻腾购物袋里面的商品，一边面露喜色，说明他们对这次购物比较满意，说明商家的商业模式可行，能够打动消费者；相反，如果顾客在这几步的行走中，面无表情，或面露难色，则说明他们对这次购物经历不够满意，有所怀疑。

在叶国富看来，服务客户并不需要什么高深的理论，最本质之处在于能够洞察顾客心理，并设法满足他们：“商业成败的核心，就是在收银台到门口这5步的距离中消费者脸上的表情，顾客挑选商品伸手的那一刻，就决定了一个企业的生死。”

客户表情指数本质上反映的是成交后客户的痛点所在，如果销售方能够满足甚至超出客户的心理预期，则客户表情是欢心愉悦的，反之，如果客户的心理预期得不到满足，这种表情就会充满烦躁焦虑，这种心理落差会带来新的客户痛点。

直播带货，只有主播和主播团队成员在镜头前单向解说，无法看到直播间消费者下单后的面部表情，就更不能忽视顾客表情指数和售后问题，务必对下单的用户及时跟进，随时提供售后服务。

对于售后服务中的具体问题，应做好以下几个方面。

（1）耐心回复发货问题

直播结束后，对于已下单客户提出的各种售后问题，要有专人负责对接、解答，对消费者提出的以下问题，要及时做出回应:

①订单何时发货？

②物流信息，比如快递公司、物流公司及单号信息。

③货物运输途中出现的其他问题。

如果对于客户的售后回复不及时，或直接不予理会，很可能会招致差评。

例如，消费者李伟曾在某直播间花299元购买了一件羊毛衫，直播间主播一再强调这款衣服不会起球，结果李伟才穿了两次就起球了。

事后，李伟将收货结果发给卖家客服，但对方态度冷淡，一直处于自动回复状态。他找到直播间的客服，对方也一直显示已读消息，直接不回复，或者由机器人回复。售后反馈无果，李伟怒而给出了一个零星差评，并在评论中长篇大论发泄了自己的不满情绪。

（2）主动联系客户

交易结束且货物送达签收后，客服应主动联系客户。首先，询问客户对货物是否满意，是否有损坏。如果没有问题，那就请对方确认和好评。这样，就掌握了所谓的“优先权”。当客户对产品满意的时候，会有感于直播方的主动售后服务，给出一个大大的好评。即使遇到某些售后问题，客户的不满情绪也会由于销售方的主动介入而大大缓和。

（3）及时回复评论

对于消费者给出的消费评论，要第一时间予以回复，对好评表示感谢，对于中差评更应及时处理，做出解释、沟通，尽量消除差评。

（4）大方补偿客户

粉丝在直播间购买的产品，如果在运输过程中出现损坏，获得反馈后，一定要第一时间补偿客户，主动揽下责任，不要试图将责任推给物流方，那只会导致粉丝的反感和离去。通过补偿客户，虽然付出了一些细微的成本，但是提升了客户满意度，消除了差评隐患，同时也获得了良好的信誉。

（5）认真对待退换货

直播结束后，售后团队发货前要自己检查核对包裹，不要弄错产品型号和尺码，同时，杜绝将有缺陷的产品发出去。如果遇到因运输或其他原因造成的货物损坏或者确实是产品本身有缺陷的问题，当买方要求退换货时，直播方应该欣然同意买方的要求，不要设置不合理的退换货障碍。

3. 退货难题：如何应对退货率居高不下

直播电商创造了一个又一个销售神话，但与销量神话如影随形的，是直播电商居高不下的退货率。

《2020年中国直播电商行业研究报告》数据显示，直播电商平均退货率为30%～50%，高于传统电商退货率的10%～15%，是品牌官方电商销售渠道退货率的2倍到3倍。这意味着直播带货的退货率远远高于其他渠道。

《证券时报》报道，2021年“双11”期间，淘宝退货率在20%以上、京东约为10%，直播电商退货率一度高达60%，其中服饰类产品尤甚，特别是女装的退货率更高，而传统门店售出的女装，退货率则不超过3%。

高退货率不仅会造成巨大的资源浪费，对直播带货所依托的店铺也会产生很大的负面影响。电商投资人、前京东电商战略分析师李成东指出：“高退货率对店铺会有直接影响。退款率越高，店铺排名越靠后，权重也会受影响而变低，甚至还会对参与‘双11’的资格有影响。卖家应选择高质量的产品，做好服务，有效降低退款率。”

中国电子商务协会高级专家庄帅在接受《证券日报》采访时指出：“冲动购物、图片与描述不符、尺码不对、质量问题、发错货、价差问题都是造成退货的原因。运费险的设置，为消费者提供了便利，也是增加退货率的因素之一。”

因此，面对居高不下的退货率，应结合上述退货原因，进行针对性处理。

（1）提供高质量的产品

有数据显示，在消费者退货的原因中，商品质量问题排在第一位，占

43.3%。

一些主播追求赚快钱，选品时一味追求低价，而忽略了质量，导致尽管直播间销售数据很好，但是退货率畸高，不仅前期所有努力前功尽弃，而且降低了粉丝对主播的信任度。

为了避免发生这种情况，就要提前做好选品把关，严控产品质量，这将会省去很多后续麻烦。

不过，选品能力对很多主播和选品团队来说是一个极大的挑战。

因为，直播带货整个市场的供货渠道非常复杂，绝大多数主播无法判断货源的真实性，也不能做到面面俱到。即使是大主播也会面临供应链问题，中小主播由于不懂选品，他们的选品团队也不够成熟，实力有限，就更没有供应链的主动权，所以就会造成山寨、假货横行，导致退货率居高不下。

也正因大环境如此，主播及团队更应重视选品问题，苦练选品本领，在涉及产品质量问题时保持自己的底线和原则，决不让步，不要为短暂利益而放弃长远的规划。只有质量为先，利益才能长久。

（2）如实讲解产品

有些主播在直播间，有时为了刺激粉丝下单，往往会信口开河，采取一些非常夸张的词汇来形容产品。对产品的正常美化无可厚非，但不可过于夸大，否则，粉丝在收到货品后就会形成巨大的反差和心理落差，导致退货率较高。

例如，在直播间，衣服的颜色、模特儿的身形都是可以作PS处理的。直播的时候，主播可以把美颜、虚化搞得非常夸张，一件普通的衣服也被展示得光彩照人。但是，当客户把商品买回去后可能会发现，买家秀和卖家秀差距很大，这就造成高退货率。

再如，某位用户曾在抖音直播间购买了2件羽绒服，但是产品到货后，发现与直播中的产品色差严重，而且羽绒含量不是直播间介绍的90%鸭绒，最后无奈只能选择退货。

因此，主播要做到尽可能如实描述产品，在直播过程中需多展示产品的特性和多颜色试穿，产品细节也要重点提及，让用户更清晰地了解该产品。注意不能夸大、虚假宣传，直播过程中虚构或夸大展示商品效果的行为，不仅会影响直播退货率，还会面临平台的严惩，严重的将永久关闭商品分享功能。

只有回归真实，才是建立粉丝信任、达成带货涨粉良性循环的最好策略。

（3）提供准确的尺码信息

服饰产品退货的一个重要原因是产品尺码不合适，要清楚消费者在下单前并不能试穿衣服。而实体店售出的产品退货率较低是因为顾客可以随意试穿。主播在直播间要尽量弥补这一短板，为粉丝提供足够多、足够准确的产品尺码信息。例如，一些公司现在提供尺码参考表，顾客可以输入自己的身高和体重，以获得最佳尺寸建议。还有的直播间会提供人工智能助手，帮顾客进行尺码选择。这些都是减少因尺码不合适而退货的有效措施。

（4）酌情取消运费险

运费险在很大程度上推高了退货率。因为消费者退货没有任何风险，也没有任何经济成本的付出。

很多商家吐槽，有部分消费者在直播间购物后会选择恶意退货。因为有运费险的存在，再加上网络购买商品7天无理由退货政策，有些消费者买回去后会先穿几天，再选择无理由退货。有商家表示："面对这些问题，有时候没有办法，只能认倒霉。"

如果取消了运费险，退货将意味着运费支出，这将会打消很多消费者不必要的退货念头。

因此，当"买单的金钱成本+售后付出的精力＜运费险带来的成交增量上的收益"时，商家们就会选择取消运费险。

但此举也是一把双刃剑，取消运费险，往往会直接影响消费者下单的积极性，会影响销量。孰轻孰重，需要主播带货方作一个精准的数据评估。

（5）改善售后运营和服务

售后问题也是导致退货的一大因素。在直播电商系统中，售后一直是“老大难”的问题。比如发货慢、客服回复率低、退货流程不合理等，都会引起直播带货退货率的增加。

要设法提升售后服务的效率和质量，因为在质量和价格差不多的情况下，拼的就是运营和服务。商家可以建立粉丝用户社群，设置好评奖励机制；对于退货的用户，为其安排售后客服，若用户售后问题得到及时解决，能最大限度地减少退货。

优秀的售后运营和服务不仅能建立用户对主播的强信任感，降低退货率，还能提高直播间的复购率。

4. 差评管理：及时回应，制造“围观热点”

直播带货同传统电商一样，基本上都逃不过这样一件郁闷的事情：被客户直截了当地差评。

数据显示，每一位满意的顾客能带来8名潜在的顾客，而每一位不满意的顾客，则会给17个人带来不愿光顾的潜在意愿。由此，售后评价的重要性不言而喻。好评未必能带来新的客户，但差评却足以摧毁你积攒已久的口碑和形象。

直播电商所依附的店铺（淘宝店铺、抖店、快手小店等）也是靠口碑和评价生存的，差评对店铺的负面影响更大。以淘宝店铺为例，差评的负面效应表现在以下几个方面。

第一，影响店铺整体好评率。

差评多的话，店铺的好评率就会降低，店铺升级慢，直接影响后续生意。

第二，影响店铺评分。

在淘宝，好评率和店铺权重已经解绑，好评率已经不再影响搜索结果，但是会影响整体的店铺评分。

第三，影响店铺信誉。

买家给好评是对信誉加分，而差评则相反，差评越多，店铺信誉就会下降得越快。

第四，影响淘宝转化率。

差评会直接影响店铺的转化率（或者说销量），因为差评给消费者带来的负面心理影响是难以估量的。一旦看到差评，本来想买产品的消费者也会放弃这个念头。

第五，影响搜索排名。

淘宝新增的“人气搜索”栏目，排名与多种条件有关：顾客的评价、转化率、收藏数、累计售出数量等。

第六，影响广告投放。

很多淘宝推广活动中，比如直通车、天天特价、聚划算等，均对好评率做出严格的规定，低于多少就不能参加推广。

在抖音平台也是如此，抖音直播电商的基础是流量，而流量分发取决于店铺的口碑。差评会直接拉低店铺评分和口碑，进而会导致店铺被限流。

因此，如何进行差评管理就成了直播带货售后环节中的一个重要工作。

（1）直播间差评管理

尽管很多差评来自售后，但在售前、售中就应当注意处理差评的问题。

对于直播间弹幕上出现的差评，首先应分辨一下是正常差评还是恶意差评。

第一，对于正常差评。

如果直播间粉丝反映的确实是商品本身或服务（售中、售后）问题，那么要表达歉意，同时给对方一个合理的解释，尽量能够自圆其说，让对方满意。

对于直播间的负面反馈，不建议直接屏蔽，因为主播对待这个顾客的态度反映了对待所有粉丝的态度，要让大家觉得主播是在认真对待粉丝遇到的问题，而不是逃避责任，公正客观地帮助粉丝们解决遇到的问题，说不定会为直播间带来更多的粉丝以及成交率。

当然，对于胡搅蛮缠的顾客，应予以屏蔽。

第二，对于恶意差评。

如果对方是黑粉或竞争对手恶意诋毁，就要当场指出其可疑之处，同时提出希望竞品商家不要在直播间故意诋毁商品，倡导进行公开公正的良性竞争，而不是在直播间搞小动作。这样直播间观众会快速为你站队，还会赢得一波信任和同情分。

另外，在直播间，主播也要适当对下单客户进行正向的评价引导，比如，告诉大家遇到所有问题都可以先找售后客服沟通，合理诉求都可以在第一时间得到妥善解决，让消费者的不满有一个宣泄的窗口，而不要让消费者直接给出差评，从而尽可能降低差评率。

（2）售后差评管理

售后差评，主要是小店差评。收到差评时，也要首先判断差评的属性，看其是真实差评还是恶意差评。

第一，对于真实差评。

如果消费者给出的差评是基于客观消费事实，那么就要予以充分重视和认真对待。按“及时回复、真挚沟通、适当补偿”这三步流程来执行。及时回复，就是要做到快速、不拖延，在收到差评的第一时间，采取一切可能的方式联系客户；真挚沟通，即表达出自己的歉意和遗憾，向对方传达出自己的诚意和积极态度，如果你的歉意足够真诚，大部分消费者的怒气都会消掉大半；适当补偿，即对投诉顾客给予适当的补偿，能花钱解决的就尽量花钱解决，根据实际情况选择补偿红包、补发商品、退货退款或直接退款。同时恳求顾客不要给予中差评，已经给出差评的，恳请对方予以删除。

需要注意的是，国家市场监管总局公布的《网络交易监督管理办法（征求意见稿）》已经明确禁止商家擅自“删差评”，但可以引导客户删除。

实在无法删除的，要在差评后面给予耐心而合理的回复与解释，尽量做到有理有据、有说服力，利用差评“围观热点”效应将其负面影响降至最低。

如果确实是由于产品质量问题引起的差评，则应要求选品团队加强对产品质量和供应链的管控。如果是服务因素导致的差评，则应加强相应人员的培训和管理，提高服务满意度。

第二，对于恶意差评。

对于恶意差评，如果平台有申诉渠道，可以进行申诉，要求平台删除差评。例如，抖音小店就有评价申诉通道（见表9-4）。

表9-4 抖音小店评价申诉通道介绍

恶性差评类型	详情	申诉材料
利用中差评骗赔	消费者以差评威胁商家，要求商家转账、发红包、返优惠券等	需提供含有订单信息完整、清晰、含订单号的飞鸽聊天记录截图
同行恶意竞争	同行竞争者交易后故意给予差评	需提供含有订单信息完整、清晰、含订单号的飞鸽聊天记录截图，或可证明评价者是同行的相关店铺信息
辱骂污秽或不当言论	评价内容含有黄赌毒暴的违法言论或其他违反法律法规、公序良俗信息的不当言论	平台可查询消费者评价内容，无须商家举证
明显无事实依据的评价	在签收前评价商品质量问题或消费者购买的是A商品但评价的是B商品	受理范围为评价者在签收前评价商品有质量问题，或购买的是A商品评价的是B商品
评价打广告	如QQ号、公众号、微博、二维码、电话号码、外部链接等广告信息	平台可查询消费者评价内容，无须商家举证
消费者评价中泄露隐私	评价中出现商家或用户的手机号、住址、姓名等个人信息	平台可查询消费者评价内容，无须商家举证
达人存在捆绑带货/虚假宣传等情形	因达人捆绑带货、虚假宣传、虚假承诺导致消费者产生差评	需提供达人虚假问题的证明及达人UID和名称

对于无法申诉、删除的差评，也要予以耐心回复和合理解释，理由同上。

5. 售后投诉：妥善处理客户的不满与投诉

2021年2月，中国互联网络信息中心（CNNIC）发布第47次《中国互联网络发展状况统计报告》。报告显示，截至2020年12月，我国网民规模达9.89亿，网络购物用户规模达7.82亿，66.2%的直播电商用户购买过直播商品。

伴随直播电商销售规模和用户群体增长，关于直播电商的投诉量也在迅速增长。

国家市场监管总局在发文介绍2020年全国市场监管部门受理消费者投诉举报情况时表示，直播带货已成为众多电商升级的新突破口，关于直播的投诉举报也相应迅速增长，产品质量疏于把关、使用极限词等引导消费者冲动消费、售后退换货难以保障等问题层出不穷。

2020年，全国12315平台共受理直播投诉举报2.55万件（直播带货诉求占比近八成，同比增长357.74%），为消费者挽回经济损失835.53万元。

2020年3月31日，中国消费者协会发布《直播电商购物消费者满意度在线调查报告》。报告指出，从目前直播电商销售商品过程中出现的问题性质来看，主播夸大和虚假宣传、有不能说明商品特性的链接在直播间售卖，这两点被提到的次数比较多。

此外，有37.3%的消费者在直播购物中遇到过消费问题，但是仅有13.6%的消费者遇到问题后进行投诉。

直播带货接连出现售后投诉问题，就连知名主播也不例外。

例如，罗永浩直播销售某品牌的玫瑰，但“5·20”当天很多消费者收到的玫瑰花都枯萎了，面对消费者的投诉，罗永浩要求品牌方将全部款项原数退还，此外，直播间决定按原价再额外赔偿一份现金给所有下单客户，约

100万元。

在大多数情况下，消费者购买的直播间产品出现质量问题时，都会第一时间把产品售后责任归咎在带货主播身上。在他们看来，即便货品质量更多是品牌方的责任，但也该由主播来承担一部分责任。

正如其中一位消费者所说："消费者绝大多数都是因为信任带货主播的口碑，而不仅仅是因为价格优惠。主播的存在就是在为产品做背书和广告，就是为用户挑选优质合格的产品，所以应该承担连带责任。"

因此，面对消费者的售后投诉问题，主播方无论如何都不能推卸责任。

消费者投诉的是那些让他们感到不满甚至愤怒的点，如果解决不好，不仅会危及与客户的关系，影响主播口碑，也会让主播在新阶段的直播带货中遇到同样的障碍和问题。因此，务必引起重视。

消费者提出抱怨或投诉，表示客户对售后的某些环节表示不满，售后服务工作中最棘手的就是处理此类事情。但是，我们换位思考一下。消费者有投诉与抱怨是表明他们对主播带货方仍有期待，希望主播带货方能改进服务水平。他们的投诉与抱怨实际上是主播带货方改进工作、提高客户满意度的机会。如果消费者的投诉与抱怨得到圆满解决，其忠诚度会比其他客户更高。所以说，投诉与抱怨并不可怕，可怕的是不能有效地化解抱怨，最终导致客户的流失。

处理售后投诉问题时要把握好以下基本原则。

第一，耐心多一点儿。

在实际处理中，要耐心地倾听消费者的抱怨，不要轻易打断他们的叙述，也不要做出任何辩解和推卸，而是鼓励他们倾诉，让他们尽情宣泄心中的不满。当你耐心地听完对方的倾诉与抱怨后，当他们得到了发泄的满足之后，就能够比较自然地听得进你的解释和道歉。

第二，态度好一点儿。

消费者有抱怨或投诉就表示他们对直播间售出的产品或相关服务不满意，从心理上来说，他们觉得自己吃了亏。因此，如果在处理过程中态度不友好，会让他们心理感受及情绪很差，会恶化主播与顾客之间的关系。反之，若售后服务人员态度诚恳，礼貌热情，会降低他们的抵触情绪。

第三，动作快一点儿。

处理投诉和抱怨的动作快一点儿，一来可让消费者感受到尊重，二来表示解决问题的诚意，三来可以及时防止对方的“负面污染”造成更大的伤害，四来可以将损失降至最小。一般接到顾客投诉或抱怨的信息，线上或电话中了解详细信息后，要当即给予答复，不能立即回复的，要迅速向上级汇报，协商好处理方案，最好当天给消费者答复。

第四，语言得体一点儿。

消费者对直播方的产品或服务不满，在发泄不满的言语陈述中有可能会言语过激，如果客服人员与之针锋相对，势必恶化彼此的关系。因此，在解决问题的过程中，要十分注意措辞，要合情合理，得体大方，不要说伤人自尊的语言，尽量用婉转的语言与之沟通。即使对方存在不合理的地方，也要保持冷静和理性。否则，只会激化矛盾。

第五，补偿多一点儿。

消费者投诉，在很大程度上是因为他们在直播间购买商品后导致利益受损。因此，投诉之后，他们往往希望得到补偿，这种补偿有可能是物质上的（如更换产品、退货或赠送礼品等），也可能是精神上的（如道歉等）。在补偿时，如果消费者得到额外的收获，他们会理解你的诚意而对你重建信心。

第六，层次高一点儿。

消费者提出投诉和抱怨之后都希望自己的问题受到重视，处理投诉问题的人员的层次会影响消费者期待解决问题的情绪。对于普通客服人员无法解决的问题，可以适时请主播或其他直播团队的领导来亲自处理，如此就会在很大程度上化解对方的怨气和不满。因为很多消费者本身就是主播的粉丝，由主播亲自出面解释，会大大缓解他们的不满情绪，后面的问题处理起来就会简单许多。